Fritz Mauthner

Die Sprache

Fritz Mauthner: Die Sprache

Erstdruck: Frankfurt am Main, Rütten und Loenig, 1907 als Band 9 der Reihe »Die Gesellschaft. Sammlung sozialpsychologischer Monographien«, herausgegeben von Martin Buber, mit der Widmung: »Gustav Landauer zugeeignet«

Neuausgabe
Herausgegeben von Karl-Maria Guth
Berlin 2021

Der Text dieser Ausgabe wurde behutsam an die neue deutsche Rechtschreibung angepasst.

Umschlaggestaltung von Thomas Schultz-Overhage

Gesetzt aus der Minion Pro, 11 pt

Die Sammlung Hofenberg erscheint im Verlag
Henricus - Edition Deutsche Klassik GmbH, Berlin
Herstellung: Books on Demand, Norderstedt

ISBN 978-3-7437-4236-9

Bibliografische Information der Deutschen Nationalbibliothek:
Die Deutsche Nationalbibliothek verzeichnet diese Publikation in der Deutschen Nationalbibliografie; detaillierte bibliografische Daten sind im Internet über www.dnb.de abrufbar.

Seit zweitausend Jahren, seit Aristoteles nämlich, gibt es ziemlich geordnete Theorien über das, was in den Volksprachen so oder so die Seele heißt. Weniger geordnet, also mit geringern Widersprüchen, hat es solche Vorstellungen gegeben, seitdem Menschen füreinander reden, nachweislich seitdem Menschen füreinander schreiben. Unaufhörlich seit Aristoteles erschienen Bücher »über die Seele«, περι ψυχης, de anima. Sobald im Verlaufe der Renaissancezeit griechisches Schrifttum feierlicher genommen wurde, inbrünstiger geglaubt wurde, als die Griechen selbst es geglaubt hatten, da wurden diese Bücher über die Seele zuerst für Wissenschaften ausgegeben und Psychologien genannt, wie denn damals Astrologien, Genethlialogien und viele andere Logien aufkamen. Weiter brauchte die Menschheit noch etwa vierhundert Jahre, um deutlicher und deutlicher zu erkennen, dass sie von dem Gegenstände der psychologischen Wissenschaft ganz und gar nichts wüsste, am wenigsten seine Existenz. Unbekümmert um diesen Nebenumstand gibt es in den abendländischen Kulturländern eine sehr ausgedehnte Wissenschaft der Psychologie. Eine Psychologie ohne Psyche. Wirkliche lebendige Menschen sind die Professoren der Psychologie; wirkliche Körper sind die Lehrbücher der Psychologie; Vorgänge der Wirklichkeitswelt sind Fragen und Antworten bei den Prüfungen aus der Psychologie; wirklich ist sogar der Einfluss, den hochmögende wirkliche Männer auf Fragen und Antworten bei diesen Prüfungen ausüben. Nicht wirklich ist bloß die Psyche, die Seele. Trotzdem haben kluge Männer manches Gute sagen können über Begriffe und Begriffsverbindungen, die nach alter Gewohnheit in den Lehrbüchern der Psychologie abgehandelt zu werden pflegen.

Die Völkerpsychologie, die Gesellschaftslehre, die Wissenschaft vom Volksgeist oder von der Volksseele, oder wie immer man eine solche Sammlung irgendwie zusammengehörender Notizen nennen will, hat kein so ehrwürdiges Alter. Selbstverständlich hat es auch soziologische Vorstellungen gegeben, seitdem Menschen füreinander reden und schreiben. Diese ungeordneten Vorstellungen konnten es aber lange nicht zum Range einer Wissenschaft bringen. Wissenschaft ist ja, was zur Erklärung von beobachteten Tatsachen dienlich scheint. Für die beobachteten Tatsachen des individuellen Denkens, Wollens und Fühlens hatte man früh das Bedürfnis einer Erklärung. Man fragte und nannte jede provisorische Antwort psychologische Wissenschaft. Für das Denken, Wollen und Fühlen *zwischen* den Menschen suchte die ganze christliche Zeit noch keine eigentliche Erklärung, keine psychologische Erklärung wenigstens. Die stärkste soziale Gruppe, der Staat, war in seiner ganzen Erscheinung durch Sitte und Recht ausreichend erklärt. Das Recht war eine schöne Wissenschaft für sich, und die Sitte war so unveränderlich wie die natürliche Tatsache, dass es im Sommer warm ist und dass ein Kirschbaum Kirschen trägt. Über die soziale Gruppe des Staates hinaus gab es dann noch die Christenheit, das jeweilig gegenwärtige Reich Gottes auf Erden, und die »Menschheit«, das künftige Reich Gottes auf Erden. Diese beiden Gruppen gehörten, weil man doch nichts Glaubhaftes von ihnen sagen konnte, unter den Machtbereich der theologischen Wissenschaft. Eine Einheit der Sprache (eine Einheit zwischen kirchlicher und staatlicher Anschauung) wurde einigermaßen dadurch hergestellt, dass auch das Recht im Staate, besonders aber das Recht des Staates oder das Staatsrecht, mehr theologisch als logisch ausgestaltet war.

Das Bedürfnis nach einer Erklärung der Vorgänge zwischen den Menschen, nach einer Antwort auf soziale Fragen konnte sich erst regen, als die Göttlichkeit der mehr rechtlichen Einrichtungen, die Unabänderlichkeit der sittlichen, religiösen Gebräuche aufhörte, geglaubt und mit Blut und Eisen geschützt zu werden. Revolutionäre Menschen wie Hobbes, Spinoza und Rousseau, Massenbewegungen wie die englische Revolution und dann die große französische Revolution mussten vorausgehen, ehe vorurteilslos nach einer Psyche zwischen den Menschen, nach dem Volksgeist oder der Volksseele, nach einer Erklärung der geltenden Staatsrechte und der geltenden Volksitte verlangt wurde. Eigentlich erst vor etwa siebzig Jahren wurde als Antwort auf diese Fragen die neue Disziplin der Soziologie geschaffen, durch Auguste Comte. Und weil der unglückliche Begründer und seine tapfersten Nachfolger sogleich (im Gegensatze zu der ewig theoretischen Individualpsychologie) praktische Konsequenzen aus ihrer Wissenschaft ziehen wollten, die Menschheit beglücken wollten, durch die Lehren aus Revolutionen neue Revolutionen hervorrufen wollten, darum merkten sie sehr lange nicht, dass ihre neue Disziplin eine psychologische Wissenschaft war, ein Pendant zur uralten Individualpsychologie. Derjenige Teil ihrer neuen Disziplin war wenigstens psychologisch, der sich mit der nun so wichtig gewordenen Volksseele befasste. Denn auch das Volk wie der Einzelmensch bestand natürlich aus so etwas wie Leib und Seele. Mit dem Volksleibe hatte sich eine andere Wissenschaft zu beschäftigen, die Nationalökonomie.

Nur dass die Zeit skeptisch geworden war, in der Psychologie, in der Individualpsychologie sogar, an dem Seelenbegriff zu zweifeln begonnen hatte, umso weniger also wusste, was sie in der Völkerpsychologie mit der Volksseele anfangen sollte. In der Individualpsychologie hatte man zwar oft über eine Definition der Seele gestritten, aber erst nach zweitausendjährigem Streit um den Begriff setzte der Zweifel an der Sache ein, der Zweifel an der Existenz der Seele. Die Psychologie ohne Psyche ist das vorläufige letzte Wort nach so langer Entwicklung. Die Völkerpsychologie aber begann eigentlich gleich mit dieser Selbstverspottung. Sie war gleich von Anfang an eine Völkerpsychologie ohne Völkerpsyche. Comte und sein stärkerer Nachfolger Marx sahen in der Zukunft einen idealen Sozialismus verwirklicht, sie glaubten an Gesetze, die notwendig in eine solche Zukunft führen mussten; aber es waren nicht einmal die armen psychologischen Gesetze, die ja von immer kürzerer Dauer zu werden pflegen, es waren historische Gesetze. Der Weltgeist war, da es ein soziales »Sensorium« nicht gab, für diese historischen Gesetze zugleich Gesetzgeber und Objekt. Der Weltgeist musste diese Gesetze sich selbst geben; und gehorchte ihnen, oder auch nicht. Die Probe auf die Wissenschaftlichkeit dieser Gesetze, die Voraussage bestimmter Ereignisse nach Raum und Zeit, ist in Ermangelung eines »Sensoriums zwischen den Menschen« noch weniger gemacht worden als in der Individualpsychologie. Aber die Zufallsgeschichte der Menschen wurde unter dem Namen Weltgeschichte eine Gesetzeswissenschaft.

Als dann Steinthal und der Direktor des neuen Unternehmens, Lazarus, die Soziologie in ihre beiden Teile spalteten, den Volksleib der rasch gewachsenen Nationalökonomie überließen und die Volksseele allein in ihrem neuen Unternehmen, der Völkerpsychologie, zu behandeln versprachen, da wusste der scharfsinnige Steinthal und der geistreiche Lazarus von der ersten Stunde an, dass sie das Objekt ihrer Wissenschaft nicht kannten, dass sie eine Volksseele, einen Volksgeist im Wachen und im Traume nie gesehen hatten. Schlimmer noch. Wenn man die Seele der Individualpsychologie nicht kannte, wenn gott- und seelenlose Menschen sogar die Existenz dieser Seele zu leugnen wagten, so hatten die Forscher doch ganz gewiss im menschlichen Gehirn das Sensorium der Seele vor Augen, das Sensorium der unbekannten Seele oder doch das Organ der Erscheinungen, Leistungen oder Illusionen, welche auch der Seelenleugner seelisch zu nennen gezwungen war. Nach der Tyrannei des Sprachgebrauchs. Wie Leute von einem »jovialen« alten Herrn reden, die an Jupiter (jovialis von Jovis) nicht glauben.

In der Völkerpsychologie nun gab es nicht nur höchstwahrscheinlich das Objekt der Wissenschaft nicht, die Volkspsyche nicht, keine Wahrnehmungen und keine Assoziationen der Volkspsyche; es gab vor allem ganz offenbar nicht: ein Sensorium der Volkspsyche. Man hätte denn, wie Newton einmal mit gläubigem Herzen den Raum zum Sensorium Gottes erhoben hatte, das Sensorium der Volksseele in den Raum zwischen den Menschen versetzen müssen. Wie die Physik den Äther zwischen die Atome schiebt. Oder wie der sog. Okkultismus die von ihm behaupteten actiones in distans erklären möchte.

Zu voller Klarheit über den Begriff der Volksseele wurde Steinthal erst durch seine Polemik mit Wundt gezwungen.

Der Streit zwischen Steinthal und Wundt war trotz aller Höflichkeit und trotz aller gebildeten Abstraktionen ein heftiger, ein persönlicher Streit: der Gelehrtenstreit um die Führerschaft einer neuen Disziplin und um die Einreihung der neuen Disziplin. Es wird nicht lange dauern, und man wird die Aufsätze beider Männer nicht mehr lesen können: Keiner von beiden hat eine starke Persönlichkeit einzusetzen, und so veralten ihre Worte mit erschreckender Schnelligkeit. Die Worte Steinthals sind noch schlimmer daran, weil Steinthal pietätsvoll oder stark genug war, allen seinen Ausführungen ein System zugrunde zu legen. Das System des feinen und feinsinnigen Herbart, das überall in der Psychologie anregte und nur gerade als System versagte. So quält sich Steinthal, einen Unterschied zwischen Geist und Seele sprachlich zu statuieren, sieht in der Individualseele eine Substanz und trauert darüber, dass das zwischen den Menschen (weil er eine Substanz nicht erblicken kann) nur Volks*geist* ist, mehr eine bloße Tätigkeit, keine Volksseele (Zeitschrift für Völkerpsychologie I. 28). Gegenüber solchen metaphysischen Grübeleien über die Seelensubstanz hat nun Wundt gewiss recht, wenn er einen starren Gegensatz zwischen Individualseele und Volksseele nicht zugeben will; es sei nicht abzusehen, warum wir einer Volksseele weniger Realität als unserer eigenen Seele beilegen sollen; die Realität der Volksseele sei ebenso ursprünglich (Philosophische Studien IV. S. 11). Ich würde natürlich vorziehen, die Volksseele und die Individualseele just wegen ihrer gleichen Irrealität zu verbinden; will aber nicht leugnen, dass Wundt das ungefähr ebenso gemeint haben kann. Steinthals Fehler sind nicht Wundts Fehler. Wundt verfügt über eine saubere tote Architektonik, die sich auf dem Papier wirklich gut ausnimmt. Doch das soziale Wesen der Sprache ist bei ihm nicht lebendig wie bei Steinthal. Der ist kein so trefflicher Buchschreiber, vielleicht nicht einmal das Muster eines Gelehrten; er bleibt nicht einmal kalt bei seinen Begriffsuntersuchungen. Er hat aber doch wohl schärfer als seine Nachfolger die Begriffe seiner Wissenschaft gesehen. Volk ist ihm, was die gleiche Sprache redet; Sprache ist, was von einem Volke verstanden wird. Noch wichtiger ist, dass im Volksbegriffe ein subjektives Moment steckt; zu einer Rasse gehört man objektiv, zu einem Volke rechnet man sich. Nicht ganz so erfreulich ist es, wenn der Volksgeist nach Steinthal erst das Volk erschafft und dann darüber spintisiert wird, ob die Sprache älter sei oder der Volksgeist (a.a.O. S. 32–36).

Nicht ohne lächelnde Rührung über die Vergänglichkeit ewiger Wahrheiten und über die Herzenswärme Steinthals mag man den folgenden Satz lesen (S. 46): »Wer öffentlich die Ergebnisse« (der vergleichenden Sprachwissenschaft, die die ursprüngliche Gemeinschaft der sanskritischen Sprachen und Völker lehrt) »leugnet, ja angreift, ohne sie genau geprüft zu haben, begeht einen Verstoß gegen die Sittlichkeit.«

* * *

In diesem Streite um eine Zettelkastenordnung oder um das System der Wissenschaften musste ein Mann von dem Wissensgedächtnis und der logischen Schulübung Wilhelm Wundts also Sieger bleiben. Für zwanzig Jahre, vielleicht noch etwas länger. Er übertraf seine Nebenbuhler vor allem in der Virtuosität, abstrakte Begriffe sicher zu gebrauchen, sie auch gelegentlich auf gleichmäßig trabendem Pferde emporzuwerfen und gerade dort wieder aufzufangen, wo Pferd und Begriff nach den Gesetzen des Falls und der Trägheit zusammenkommen mussten. Er übertraf Lazarus und Steinthal aber auch in der oft gerühmten deutschen Gründlichkeit, die wie eine Maschine ein ganzes Feld in erstaunlich kurzer Zeit so musterhaft abzumähen weiß, dass nicht eine Blume stehen bleibt. Für die Scheune. Die abschließende Arbeit – bis zur nächsten Ernte.

So ist es vorläufig dabei geblieben, dass die neue Wissenschaft von der Volksseele (»Völkerpsychologie« ist in der spielerischen Art von Lazarus, er ist der Erfinder des Terminus, jedesfalls falsch gebildet) bei Strafe, in Leipzig nicht eben gefördert zu werden, genau drei Unterabteilungen habe: Sprache, Mythus und Sitte.

Ich beschäftige mich nicht gern mit einer Theorie der Zettelkastenordnung oder mit einem System der Wissenschaften. Weil es in der Welt der Wirklichkeit, weil es in der lebendigen Natur ein System der Wissenschaften, ein System überhaupt nicht gibt. Auch Ordnung nicht. Die Ordnung aber, die Menschenköpfe gern und nicht ohne Verdienst in die Wirklichkeiten hineintragen, sollte doch sauber gehalten werden, weil sie sonst keine Ordnung ist. Nach bester Menscheneinsicht. Und da scheint mir die Beiordnung des Mythus zu Sprache und Sitte ein rechter Schönheits- oder Sauberkeitsfehler zu sein.

Vor allem scheint mir das Wort »Mythus« zu absichtsvoll, zu vorsichtig gewählt. Was Wundt zusammenfassen wollte, das war doch offenbar die Religion als eine Erscheinung der Volksseele. Es gab und gibt im Volke Sprache. Es gab und gibt im Volke Sitte. Mythus aber heißt in der wissenschaftlichen Sprache immer eine Behauptung, eine Legende, eine Erklärung, an die die Gegenwart nicht mehr glaubt, die nicht mehr Religion ist. Und die Mythen, die wir besonders aus indischen und griechischen Schriften kennengelernt haben, sind immer einmal geglaubt worden, haben einmal dem Volksglauben, der Religion, angehört, auch wenn man sie historische oder physikalische Mythen nennen will. Es gibt manchen historischen und physikalischen Mythus, der Millionen von deutschen Kindern in der Volksschule so lange eingeprügelt wird, bis er durch passive Einübung Religion wird. Religion, nicht Mythus müsste die Abteilung heißen. Wundt mag das wohl gewusst haben, denn er sagt (Die Sprache 2. Aufl. I. S. 30): »Dem Mythus schließen sich die Anfänge der Religion ... als nicht zu sondernde Bestandteile an« ... Ganz recht, als nicht zu sondernde Bestandteile. Warum aber nur die Anfänge der Religion? Sollten am

Ende die späteren, die noch geglaubten Religionen von der Wissenschaft der Volksseele ausgeschlossen bleiben? Sollten am Ende die verschiedenen christlichen Konfessionen, und aus diplomatischen Gründen auch Judentum und Islam, nicht Erzeugnisse der Volksseele sein, weil sie bekanntlich göttliche Offenbarungen sind? Doch Wundt weiß sich zu helfen. Schon auf der nächsten Seite sagt er, der Mythus berühre sich mit der Geschichte der Kulturreligionen, die eine Art Fortsetzung oder Anwendung seiner Volkspsychologie sei. Über die Kulturreligionen braucht er also seine Meinung nicht zu sagen; diese Aufgabe schiebt er den Kollegen von einem andern Fache zu.

Wichtiger als die Ersetzung des Wortes Religion durch die falsche Etikette Mythus scheint mir aber, dass überhaupt das Gebiet der Religion den weiten Gebieten von Sprache und Sitte logisch beigeordnet wird. Hochachtung ist auf dem Gebiete der angewandten Logik oft gefährlich gewesen. Ich will zu zeigen versuchen, dass von dem ganzen Gebiete der Erscheinungen, die man unter dem Begriffe Religion zusammenzufassen pflegt, nicht gar viel übrig bleibt, wenn man erst die Erscheinungen ausgeschieden hat, die nur der Sitte oder nur der Sprache angehören.

Diese Scheidung hätte bereits die Individualpsychologie vorbereiten können und sollen. In der Individualpsychologie freilich handelt es sich weniger um die Gebräuche und Dogmen selbst, als um die begleitenden Gefühle und Stimmungen. Und ich behaupte: Trotzdem unsere Volksschule eine Religionsschule ist, trotzdem der Religion in allen wichtigen Stunden des Privatlebens wie der Volksgeschichte offiziös eine übermäßige Bedeutung zugeschrieben wird, trotzdem Schule und Staat unablässig auf eine Übertreibung religiöser Gefühle hinarbeiten, sind dennoch wirklich religiöse Begleitgefühle bei religiösen Bräuchen und religiösen Worten sehr selten; noch seltener sind Menschen, deren Weltanschauung, deren Grundstimmung wesentlich religiös ist. Das wird jedermann erkennen, der ehrlich und mit offenen Augen seinen eigenen Lebenslauf und das Gebaren seiner Mitmenschen betrachtet.

Das käme noch viel stärker heraus, wenn die Wissenschaft von der Volksseele frei genug wäre, von der sog. Religion abzuziehen, was im Bewusstsein des Volkes, im Volksgefühl, nur ein Brauch ist. Ein abendländischer Reisender, der im Innern von Afrika Gelegenheit hat, die seltsamen und grotesken Zeremonien und Handlungen, Gelage und Gesänge zu beobachten, mit denen eine Negergruppe den Tod eines Zugehörigen feiert, dieser Reisende wird nicht anstehen, ein solches Treiben unter den Sitten oder Gebräuchen jenes Stammes aufzuführen. Nun stelle man sich vor, ein intelligenter Australneger oder Grönländer bereiste zu seiner eigenen Belehrung die Länder der europäischen Völker. Er wird bemerken, dass Geburt, Emanzipation (Heirat) und Tod von bestimmten Gebräuchen begleitet werden. Anders bei den Türken, anders bei den Juden, anders bei den Russen, anders bei den Katholiken, anders bei den Protestanten. Der Reisende wird bemerken, dass die Gebräuche der Russen, der Katholiken und der Protestanten manche Ähnlichkeit haben, er wird, wenn er auf der wissenschaftlichen Höhe unseres Historismus steht, auf eine gemeinsame Abstammung dieser drei »Völker« schließen. Der Reisende wird ferner bemerken, dass an einem bestimmten Wochentage, besonders aber an einigen Jahrestagen, die wohlhabenderen Ortsgenossen so reich wie möglich gekleidet, in einem eigens dazu bestimmten Hause, das nach uraltem Geschmack gebaut ist, zusammenkommen, um da nach genau vorgeschriebener altertümlicher Weise zu sprechen, zu singen und althergebrachte Körperübungen vorzunehmen. Nur wenn der abendländische Reisende ein Missionar wäre, würde er bei dem Leichenschmause der Neger nach der religiösen Bedeutung fragen. Und nur wenn der Besucher des Abendlandes in einer abendländischen Schule verkehrt worden wäre, könnte er bei den erwähnten Volksbräuchen und Volksfesten auf den Gedanken kommen: Hier wird zur Ehren eines Gottes Musik und Mimik gemacht.

Zugestanden, dass über diese Volksbräuche hinaus bei wilden Völkerschaften wie bei abendländischen Kulturnationen noch etwas wahrzunehmen ist, was man gewöhnlich nicht unter den Begriff Sitte zu bringen pflegt. Bestimmte Worte nämlich. Zwar stehe ich nicht an zu glauben, dass das Absingen bestimmter Texte mit herkömmlichen Melodien bei Christen, Juden und Türken immer noch unter die Volksbräuche fällt. Ob es in der Kirche oder auf der Straße geschieht, ob in einer toten Sprache oder in einer alten Form der Volksprache, darauf kommt es wirklich nicht an. Selbst die Benutzung von Stellen aus einer sog. heiligen Schrift zu Themen einer sog. Predigt würde ich mir noch erlauben unter den Begriff der Volksbräuche einzureihen. Aber darüber hinaus gibt es herkömmliche Worte, bei denen der Volksgeist entweder gar nichts empfindet oder etwas anderes als die Befolgung einer Sitte. Dieses andere nun ganz allein ist bei seltenen Menschen, in seltenen Zeiten, religiöses Gefühl, eine religiöse Bewegung. Gewöhnlich ist aber das Aufsagen oder Anhören dieser sakralen Worte, der Worte des Dogmas, soweit dieses Aufsagen oder Anhören nicht unter den Begriff des Volksbrauches fällt, auch nicht Religion, sondern Sprache, Sprache an sich.

Für einen Systematiker wäre nun hier der richtige Ort, etwas zu sagen über die Sprache als uneigentlichen sozialen Faktor. Sitte und Sprache, Sprache und Sitte sind Erzeugnisse der Volksseele, soziale Erzeugnisse, sooft auch, nachweisbar oder nicht, individuelle Menschen Sprache oder Sitte beeinflusst haben. Die Sprache aber, das Erzeugnis des Volksgeistes, ist wieder zum Werkzeug geworden für Geisteserscheinungen, deren Schöpfer fast immer oder immer Einzelmenschen waren; diese geistigen Erscheinungen gehören aber dennoch zur Sozialpsychologie, weil sie erst durch ihre Massengeltung überhaupt etwas sind. Ich denke natürlich an Poesie, Wissenschaft und Religion. Der eigentliche Religionsstifter ist nicht der, dessen Name von der Masse seiner Gläubigen göttlich oder halb göttlich verehrt wird; der Stifter ist diese Masse. Der Prediger in der Wüste ist stumm. Wer vor zweitausend Jahren die Kugelgestalt und gar die Bewegung der Erde lehrte, der schuf keine Wissenschaft, weil die Welt sich von ihm noch nicht belehren lassen wollte, weil die Lehre nicht angenommen wurde. Ein Dichter, dessen Verse niemand liest, ist stumm wie ein Prediger in der Wüste. Dagegen steht ein verbreitetes Buch über jedem Urteil[1]. Neben Poesie und Wissenschaft ist Religion ein Produkt, ein Nebenprodukt der Sprache, auf dem kleinen Gebiete, wo Religion nicht Sitte ist. Mit einzigem Ausschluss des noch viel kleineren Gebietes, wo Religion in besonderen Menschen eine besondere unsagbare Stimmung ist, über die sich also nichts sagen lässt.

Zwischen Poesie und Wissenschaft besteht ein Gegensatz, der sich am besten am Wesen der Sprache erkennen lässt. In drei starken Bänden bin ich nicht fertig geworden mit der Ausführung, dass die Sprache, gerade wegen der Unsicherheit der Wortkonturen, ein ausgezeichnetes Werkzeug der Wortkunst oder Poesie ist; dass aber Wissenschaft als Welterkenntnis immer unmöglich ist, eben weil die feine Wirklichkeit mit den groben Zangen der Sprache nicht zu fassen

1 »Ein Buch, das große Wirkung gehabt, kann eigentlich gar nicht mehr beurteilt werden!« (Goethes Gespräche II. VI. 1822)

ist. Aber für die Religion, soweit sie Sprache ist, ist die Sprache gerade recht; die beiden passen zueinander. In der Wissenschaft verrät die Sprache ihre Ohnmacht; in der Poesie zeigt sie die Macht ihrer Schönheit; in der Religion tyrannisiert uns die Macht der Sprache in der nichtswürdigsten Form als Macht des toten Worts, des Totenworts. Religion ist veraltetes Wissen, dessen Worte geblieben sind. Religion ist (oft auch Poesie und »Wissen«) der Ahnenkult der Sprache.

Soll also durchaus klassifiziert werden, so ist Religion – ein seltenes Gefühl sui generis abgerechnet – allerdings unter die Sozialpsychologie zu ordnen, aber zum größeren Teile als eine unklar gesonderte Art der Volkssitte zu betrachten, zum kleineren Teile als eine Schöpfung der Sprache, neben Poesie und Wissenschaft.

Soll durchaus klassifiziert werden, so muss ich nun, nach Ausschaltung der Religion oder des »Mythus«, das Verhältnis, nun ja: das logische Verhältnis von Sprache und Sitte, von Sitte und Sprache zu bestimmen mich bemühen. Schon Wundt hat in der Einleitung zu seiner Völkerpsychologie die beiden Gebiete, den Mythus dazu und einige Nachbargebiete sauber auseinanderzuhalten gesucht und auch schon auf einige gegenseitige Beeinflussungen hingewiesen; nur dass ich bei Wundt den Eindruck nicht loswerde, dass er bei der Systematisierung seiner Wissenschaften zu sehr an die von ihm geschriebenen und an die von ihm noch zu schreibenden Bücher denkt und darum über ein Buchdenken nicht leicht hinausgelangt.

* * *

Die inneren Zusammenhänge zwischen Sprache und Sitte sind schwer zu verfolgen, weil Kanzelredner und Professoren von dem Begriffe der Sitte den Begriff der Sittlichkeit abgetrennt haben und weil dieser überaus hochgeschätzte Begriff der Sittlichkeit den abendländischen Kultursprachen nicht so gemeinsam geworden ist wie andere derlei theologische Begriffe. Allerdings versteht man in allen diesen abendländischen Sprachen das Wort »Moral«; aber der Bedeutungswandel hat da seltsame Nebenwege eingeschlagen. Der Franzose denkt an Wahrscheinlichkeits- oder Vernunftgründe, wenn er etwas für moralement unmöglich erklärt; er denkt gar an Tapferkeit, ja eigentlich an Gesundheit, wenn er le moral heben oder stärken will; ja im Gegensatze zum Physischen kann Moral geradezu das Geistige bedeuten.

Den letzten Wandel hat der Engländer in seiner wissenschaftlichen Sprache noch schärfer ausgebildet; moral sciences sind die Geisteswissenschaften, noch enger: Philosophie und – Volkswirtschaft. Noch weiter verirrt hat sich die Bedeutung in dem Worte moral insanity, das die Engländer (Prichard 1835) Europa geschenkt haben (moralischer Irrsinn, folie morale, pazzia morale). Abgesehen davon, dass moral insanity nach dem berüchtigten Beispiel der »reitenden Artilleriekaserne« gebildet scheint, wurde auch noch der Sinn der beiden Worte völlig verkehrt. Insanity ist der englische, Irrsinn der deutsche Euphemismus für Verrücktheit oder Wahnsinn. Nun handelt es sich bei der Erscheinung, die nur zum Zwecke einer Strafmilderung beobachtet und beschrieben wurde, um alles andere eher, als um eine Geisteskrankheit; die Verbrecher, die unter die neue Rubrik fallen sollen, leiden nicht an krankhaften Vorstellungen, sondern nur an einem ungesunden *Handeln.*

Moral ist nur eine lateinische Lehnübersetzung (diesen Begriff werde ich noch ausführlich erklären) des griechischen Wortes Ethik; in beiden Sprachen mag die »innere Sprachform« an den Begriff der Sitte oder Gewohnheit (mos, ἦθος) viel lebhafter angeklungen haben, als die Fremdworte in unseren Sprachen es imstande sind. Ja, ich höre aus dem Worte »Ethica«, wie es im 16. Jahrhundert z. B. gebraucht wird, mehr heraus als nur ein Fremdwort, fast einen Eigennamen: den Buchtitel des Aristoteles.

In Deutschland, das wirklich trotz Berlin nicht das auserwählte Land der Moral ist, suchte der Purismus immer wieder eine Verbindung zwischen Sitte (oder Gewohnheit) und Moral herzustellen. Die ältere Sprache fügte »Gewohnheit und Sitte« redensartlich oft zusammen. Die ältere Sprache nannte alles Sitte, was irgendwie den Gewohnheiten einer Art entsprach, was die Regel der Art war. Megenberg spricht von den Sitten der Pferde, der Vögel; Schönemann sagt einmal: »Jesus litt Marter nach menschlicher Art und Sitte«; und von den Sitten im Hause des Herrn, von den Sitten des Altars, sogar von den Sitten Gottes zu reden ist Bibelsprache. So war es leicht, die Lehnübersetzung sittlich aus Sitte zu bilden, nach dem Muster moralis aus mos; doch diese Lehnübersetzung wurde erst im 18. Jahrhundert allgemein üblich. »Sittig« und »sittsam« gingen andere Wege; schwankend gewinnen sie die Bedeutung des Maßvollen, bald mit Anerkennung, bald mit leisem Spotte. »O Sittsamkeit noch sittlicher als Sitte«, ruft

Grillparzer. Ziemlich neu, Pfaffendeutsch, ist die Einschränkung des Begriffes sittlich auf das sexuelle Gebiet; das abscheuliche Berliner Wort »Sitte« (Regelung der Prostitution) könnte nach tausend Jahren zu einem Musterbeispiele für den »Gegensinn der Urworte« werden.

Weil Sittlichkeit nicht einfach eine Abstraktion von Sitte (Gewohnheit) war, sondern eine Lehnübersetzung von Moralität, darum wurde auch im Deutschen durch das einheimische Wort die Einheit von Sitte und Sittlichkeit nicht hergestellt. Die naive Anschauung der Alten, dass nämlich menschliche Dinge menschliches Maß haben, war überall durch das Christentum vernichtet worden. Durch Paulus, Plotinus oder Augustinus, oder durch alle drei, oder eigentlich durch das, was jetzt unter dem Namen Christentum zusammengefasst wird, kam die wunderschöne Moral in die Welt, die nicht Sitte ist. Die Sitte, die wir nicht haben. Die ideale Sitte. Die ideale Forderung, die (nach Ibsens tief ironischem Worte) nie honoriert worden ist und von deren Betrage dennoch nichts abgelassen wird. Das Sollen. Bei den besten Naturen ein Wollen des Sollens. Dass wir gemeine menschliche Gewohnheiten haben, menschliche Sitten, das ist nicht zu leugnen; alles aber wird gut, wenn wir außer unsern Sitten oder Gewohnheiten noch eine ganz ungewohnte und ungeübte übermenschliche Sittlichkeit haben. Das klingt und ist viel großartiger, das ist schöner, sauberer und bequemer, als die Mühe, hässliche Gewohnheiten zu ändern. Durch die Trennung von Sitte und Sittlichkeit haben wir wohlfeil neben der hässlichen Welt eine schöne Welt. Im Bilde. In der Sprache. Denn das ist ja selbstverständlich, dass die ideale Forderung nur in Ideen oder Worten gestellt werden kann. Im Grunde wird sie auch so honoriert, in Worten.

Als die Sittlichkeit, die keine Sitte ist, mit dem alten Christentum zu verblassen begann, da schien die ideale Forderung in Gefahr. Besonders durch Locke und andere Engländer. Sie lebte wieder auf, als Kant das Sittengesetz, das nicht die Sitte ist, neu stabilierte, a priori, notwendig »für alle Wesen«. Es war wie ein Rausch, der dem Charakter unseres herrlichen Immanuel Gregers Werle mehr Ehre macht als seiner Erkenntnistheorie. Der Kant-Rausch ist noch nicht ausgeschlafen. Einer der feinsten neueren Kantianer, A. Riehl, redet gar von einer »kosmischen Tragweite« des Sittengesetzes.

Kant selbst aber hatte Stunden, in denen er zwischen der menschlichen, bescheidenen Sitte und der unbescheidenen übermenschlichen

Sittlichkeit gar keinen Unterschied machte. Er sagt einmal (Hart. VI. 190): »Es ist aber zwischen einem Menschen von guten Sitten (bene moratus) und einem sittlich guten Menschen (moraliter bonus), was die Übereinstimmung der Handlungen mit dem Gesetz betrifft, kein Unterschied (wenigstens darf keiner sein).« Da aber solche Weisheit selten ist, also niemals der Gemeinsprache angehört, weil der Begriff der Sittlichkeit, welcher nicht Sitte ist, über die Sprache der Erfahrung hinausfliegen würde, darum schon sind also die inneren Zusammenhänge zwischen Sprache und Sitte schwer zu verfolgen.

Die Schwierigkeit bei der Einordnung von Sprache und Sitte liegt aber weiter in der Wechselseitigkeit des Verhältnisses. Die Sprache fällt ganz gewiss mit unter das große Gebiet der Sitte, was besonders deutlich wird, wenn man sich für einen Augenblick von der sog. innern Sprachform, d. h. vom Sprachgebrauch befreit und anstatt Sitte eines der Worte benützt, oder bei Sitte an eines der Worte denkt, die andere Assoziationen hervorrufen: Gewohnheit, Mode, Nachahmung.

Haben wir erst die Sprache als ein Erzeugnis von Gewohnheit oder Nachahmung, als ein Gebiet, als das bedeutendste Gebiet der Volksitte erkannt, so werden wir uns auf diesen Standpunkt nicht versteifen, sondern willig zugeben, dass die Volksprache innerhalb der Volksitte immer die Neigung hat, selbstherrlich zu werden und andere Gebiete der Volksitte unter ihren Willen zu zwingen, d. h. unter ihre Vorstellungen. Dass Sprache und Sitte einander gegenseitig bedingen.

So ein wechselseitiges Verhältnis kommt nicht allein in der Sozialpsychologie vor. Ich will ein Beispiel nennen, das mir die Aussicht gibt, in dieser Untersuchung wenigstens bildlich etwas weiterzukommen. Wir haben in jedem menschlichen Individuum zweierlei Vorgänge, die man (vor jeder Definition) unter den Begriffen Leben und Denken zusammenfasst. Mit dem Leben beschäftigt sich das Fach der Physiologie, mit dem Denken das Fach der Psychologie; mit beiden Erscheinungen zugleich müsste sich eigentlich die neuere Disziplin der physiologischen Psychologie befassen. Nur dass das eigentliche Problem, die wechselseitige Beeinflussung, zu keinem einzigen Fache gehört. Die entscheidenden technischen Worte springen, vor wie nach ihrer Definition, gefährlich zwischen den Wissenschaften hin und her. Der menschliche Leib baut sich, weil er lebt, sein Gehirn auf; eigentlich nicht anders als ein Volk sich seine Sitte überhaupt, insbesondere seine Sprache, langsam aufbaut. Erblichkeit nennt man die Ursache der Ähnlichkeit beim Einzelmenschen, Nachahmung oder Gewohnheit nennt man die Ursache beim Volke. Nachher aber verschafft das Gehirn dem Individuum die Nahrungsmittel, die der Mensch zur Fortsetzung des Lebens braucht, welches (das Leben) eben dieses Gehirn hervorgebracht hat. Wie die von der Volksitte geschaffene Sprache durch ihre »Ideale« langsam eine Volksitte nach der andern ändert, um das Volksleben behaglicher zu machen. Dass der rückwirkende Einfluss der Sprache auf die Sitte nicht erst etwa zum Ende der sittlichen Entwicklung auftritt, dass vielmehr jede Ursitte in Urzeiten schon unweigerlich an sprachliche Vorstellungen geknüpft sein musste – keine Familiensitte ohne den Begriff Familie –, das scheint mir den Wert des Vergleichs nicht zu mindern; denn auch die Rückwirkung des Gehirns auf das Leben erfolgt nicht erst am Ende des Lebens, nicht erst zur Zeit der Reife; ohne Gehirn oder ohne Zentralnervensystem könnte das neugeborene Kind nicht saugen, das Kind im Mutterleibe doch wohl nicht das Blut der Mutter verbrauchen, z. B. zum Aufbau des Zentralnervensystems und des Gehirns.

Nur um der wechselseitigen Wirkung willen habe ich zuerst den Vergleich gezogen zwischen der Sprache, welche der Volksitte gegenüber bald Geschöpf, bald Schöpfer sein kann, und dem Gehirn, welches Knecht und Herr des Lebens ist. Aber Sprache und Gehirn sind einander auch sonst merkwürdig ähnlich. Diese vielen Tausende von Ganglienzellen, in denen man sich die menschlichen Vorstellungen lokalisiert denkt, diese Ganglienzellen, die wirklich fast wie die wichtigsten Redeteile in verbale, tätigkeitliche, also motorische, und in nominale, ursprünglich immer adjektivische (nicht substantivische), also sensorische Zellen unterschieden werden können, alle die unzähligen Nervenfäden und Nervenfortsätze, die nicht übel an die Suffixe und Affixe der Worte erinnern, dieser ganze ungeheuer komplizierte Mechanismus des Gehirnorgans scheint mir wirklich ein gutes Bild der einzelnen Volksprache zu geben. Ein Bild nur; und wehe dem Forscher, der das Metaphorische im Vergleiche vergessen sollte. Aber so nahe liegt der Vergleich, dass man mehr als einmal töricht genug war, ihn ganz ernsthaft zu nehmen und – wie schon angedeutet – die einzelnen menschlichen Vorstellungen, also Begriffe, also Worte, in den einzelnen Ganglienzellen unterzubringen. Wozu man kein Recht hatte. Aber wohl hat man vielleicht ein Recht, die Sache umzukehren und das Unbekannte, Unsagbare, das durch die Arbeit der Ganglienzellen und der Nervenfasern das Gehirn befähigt, seinen Träger in der umgebenden Welt ein bisschen zu orientieren, – wohl hat man ein Recht, die Elemente dieser Gehirnarbeit in die Begriffe oder Worte der Volksprache zu lokalisieren. Was am Ende nur eine neue Ausdrucksform wäre für Kants Lehre, dass unsere Weltkategorien von unserer Vernunft abhängig sind. Weil unsere Vernunft ja doch nichts ist als unsere Sprache. Und wenn man nur ja das Metaphorische der ganzen Idee nicht außer Acht lässt, so könnte man jetzt einen Schritt weitergehen und – bescheidentlich, ohne Triumphgeschrei, weil es ein Bild bleibt, – in der Volksprache das entdecken, was bisher in der Sozialpsychologie immer vermisst worden ist: das sensorium commune, das Sensorium zwischen den Menschen. Der Organismus der Volksprache dient der Volksseele, von welcher wir mancherlei wissen, wirklich fast ebenso wie der Organismus des Gehirns der Individualseele dient, von welcher wir freilich gar nichts wissen.

Die ältere Psychologie, die sich für den Ort des Sensus, für das spätere »Sinnesorgan« das Wort Sensorium gebildet hatte, verstand unter dem sensorium commune das Gehirn, den gemeinsamen Ort aller Sinneswahrnehmungen; es wäre kein zu gewagter Bedeutungswandel, aufgrund der neueren Gehirnphysiologie das gesamte Gehirn ein Sensorium zu nennen, wo dann sensorium commune von selbst zu dem gemeinsamen Denkorgan *zwischen* den Menschen würde. Ein gemeinsames Denkorgan zwischen den Menschen gibt es nur innerhalb der gleichen Volksgemeinschaft: die Volksprache.

* * *

Ohne Bild: Die Sprache als Sensorium eines *Volkes* ist für die Wissenschaft zugänglicher, eigentlich greifbarer als die Gehirnarbeit als Sensorium des Individuums. Ja, die sichtbaren Zeichen, die die Gehirnphysiologie vergeblich sucht, sind im Sprachleben jedem Kinde bekannt. Die Schrift. Vom Standpunkte der Individualsprache betrachtet, ist die Schrift eine Gefahr, eine Krankheit; sie führt ja zur Schriftsprache, die den Mundarten gegenüber der unmerkliche Anfang des Todes ist. Vom Standpunkte des Volks betrachtet ist die Schrift eine Hülfe; erst in der gemeinsamen Schriftsprache eines großen Volkes ist das sensorium commune zustande gekommen. Die Literatur eines Volkes ist sein Reservegehirn.

Ich werde von dem Gedanken, dass die Volksprache zwischen den Volksgenossen, in der Sozialpsychologie also, eine ganz ähnliche Rolle spiele wie das Gehirn in der Individualpsychologie, wohl noch öfter Gebrauch machen. Da möchte ich denn bis zur Ermüdung wiederholen, dass diese Voraussetzung natürlich nur eine metaphorische Hypothese ist. Hypothesen können nichts beweisen und Metaphern können nichts beweisen; so wird freilich der Begriff einer metaphorischen Hypothese bei Logikern nicht viel Glück haben. Wer aber aufgenommen oder gar angenommen hat, was ich in der »Kritik der Sprache« (III. S. 494 f.) von der Unfruchtbarkeit der Logik gesagt habe: dass nämlich zunächst auch alle unsere Beweise, die rein geometrischen etwa (mit dem Vorbehalte der Pangeometrie) ausgenommen, nur Hypothesen sind, dass ferner die letzten Hypothesen all unseres begrifflichen Denkens schon in unsern Begriffen oder Worten stecken, – wer mir diese einfache Vorstellung zugibt, der wird nachher vor dem Zugeständnis nicht zurückschrecken, dass so eine metaphorische Hypothese dem Wesen nach gar nicht so tief unter den allermeisten Hypothesen unserer Naturwissenschaften stehe. Wenn gelegentlich zur Erklärung einer Erscheinung ein noch unbekannter Stoff irgendwo zuerst vermutet und dann wirklich aufgefunden wurde, so handelte es sich nicht um eigentliche Hypothesen. Die Existenz des Sauerstoffs in den sog. Kalken, die Existenz des Planeten Neptun wurde allerdings erst vermutet und dann verifiziert. Eigentlich verstehen wir unter Hypothesen aber Voraussetzungen nicht von Dingen, sondern von Kräften, welche ganze Erscheinungsgruppen zu erklären vermöchten. Solche Hypothesen heißen dann nach einer besonders glücklichen Verifikation auch Theorien. Erkenntnistheoretische Vorsicht wird selbst eine so bewunderungswürdige Lehre wie die von der Gravitation lieber eine Hypothese als eine Theorie nennen oder unter Theorie eben nur eine Hypothese verstehen. Diese eigentlichen Hypothesen nun, die Hypothesen der Physik und der Biologie sind im Grunde fast immer viel mehr metaphorischer Art, als nichtphilosophische Köpfe unter den Naturforschern anzunehmen pflegen. Erst wenn der metaphorische Bedeutungswandel, der das Schlagwort der neuen Theorie geliefert hat, nicht mehr gilt, nicht mehr in wissenschaftlichem Sprachgebrauche ist, erst dann pflegt man nachträglich das Metaphorische im wissenschaftlichen Wortgebrauche einzusehen. Als Empedokles vor zweitausend und einigen Hundert Jahren die Zusammensetzung der Körper aus Liebe und Hass (νεικος und φιλια) erklärte, da glaubte er eine richtige, eine gute Hypothese zu schaffen. Wir hören das Metaphorische dieser anthropomorphen Worte grell heraus; aber aus der ähnlichen Hypothese der chemischen Wahlverwandtschaft oder Affinität (eigentlich Verwandtschaft durch Heirat) hören wir das Metaphorische so wenig heraus, dass Goethe das Wort sehr glücklich zu einer Metapher menschlicher Beziehungen zurückwandeln konnte. Das Wort Wahlverwandtschaft wird gewiss als schlechte Metapher verworfen werden, wenn etwa die langjährigen Bemühungen, die Erscheinungen der chemischen Verwandtschaft aus den beiden entgegengesetzten Elektrizitäten zu erklären, zum Ziele führen sollten. Aber diese Bemühungen gehen ja wieder von einer Hypothese aus, die ich nicht anders als metaphorisch nennen kann, von der Hypothese, dass die elektrischen Erscheinungen durch die Existenz eines positiven und eines negativen Fluidums ausreichend erklärt wären. So sagte, lehrte und glaubte man noch vor einem Menschenalter. Das Wort Fluidum wurde erst dann als metaphorisch empfunden, als ein schlechtes Bild, da man die neue wissenschaftliche Hypothese von den Ionen aufstellte. Der bildliche Unterschied scheint mir nicht sehr bedeutend. Die beiden Fluida fließen, die Ionen gehen. Ich fürchte, das Metaphorische in der Ionenhypothese wird viel schneller als das der Fluida zum Bewusstsein der Forscher kommen.

Die Hypothese, dass die Volksprache das Sensorium der Volksgemeinschaft sei, hat gegenüber solchen physikalischen Krafthypothesen den ungemeinen Vorzug, dass ihre Bildlichkeit, ihre Unwirklichkeit nicht einen Augenblick übersehen werden kann. Ob es in der Wirklichkeitswelt irgendwo eine greifbare Gravitation, Affinität, greifbare Fluida gibt oder nicht, das werden wir nie erfahren. Dass aber die Volkssprache zwischen den Mitgliedern einer Volksgemeinschaft nur ein Vorgang ist, eine unendlich komplizierte Tätigkeit, kein greifbarer, materieller Organismus, wie das Gehirn der Individualpsychologie, das wissen wir ganz sicher. Allzu sicher.

* * *

In dem Beiwort »sozial« scheint eine Aufforderung zu praktischer Tätigkeit verborgen und mitverstanden zu sein. Die Sozialwissenschaft des Volksleibes geht ganz und gar auf Besserung der Volkslage, die

Sozialwissenschaft der Volksseele ist überall von solchen Bestrebungen gekreuzt. Wenn nun die Volksprache das Sensorium commune der Volksgenossen ist, wenn weiter die Vereinigung vieler oder gar aller Erdenvölker ein herrlicher Zukunftstraum ist, so wäre es ja die Utopie aller Utopien, so wäre es die Vorbedingung eines goldenen Zeitalters: alle Völker der Erde zu einem großen sozialen Ganzen zu verbinden und diesem sozialen Ganzen in einer künstlichen Welt- oder Universalsprache ein sensorium communissimum, ein gemeinsames Menschengehirn zu geben. Eine künstliche Sprache müsste das sein. Denn auf irgendeine der verbreitetsten Sprachen werden sich die andern Völker freiwillig doch nicht einigen, auch nicht auf die sog. Weltsprache der Engländer. Und wenn es auch der Entwicklungsmechanik gelungen ist, zwei junge Froschindividuen, sogar solche von zwei verschiedenen Arten oder Rassen, zu einem einzigen Individuum mit einem Gehirn zu verbinden, wenn auch fantastische Köpfe aus diesem Versuch wirre Konsequenzen gezogen haben, so meine ich doch: Die Verwachsung sämtlicher Erdenmenschen zu einem einzigen Individuum mit einem einzigen Gehirn wäre nicht eben ein schöner Zukunftstraum des Sozialismus zu nennen Man wird sich wirklich vorläufig mit dem Ideal einer künstlichen Weltsprache als eines allgemeinen Menschengehirns begnügen müssen.

Nun ist aber zu bemerken, dass die soziale Utopie einer erdumfassenden Menschenverbrüderung dem Wortschatze des gegenwärtigen Geschlechts eigentlich nicht mehr angehört. Neuere Staatsverfassungen werden nicht mehr durch Thesen über die Menschenrechte eingeleitet. Die soziale Einheit der Menschenbrüder kam kurz vor der großen französischen Revolution auf und trat 100 Jahre später vor dem Wirklichkeitssinne des Fürsten Bismarck zurück. Das letzte Ideal ist jedesfalls für einige Jahre oder für einige Menschengeschlechter aufgegeben; aber Annäherungen an das Ideal werden immer wieder geträumt, von guten Menschen und schlechten Fürsten, die den Widersinn eines Programms nicht begreifen, das den Frieden auf Erden herstellen, die Chinesen zum Hungertode verurteilen und die Neger ausrotten will.

Immerhin ist nach Verzicht auf die allgemeine Menschenbrüderschaft das Ziel eines erweiterten Sozialismus doch noch in den Tendenzen oder Schlagworten unserer Zeit. Akademien und Arbeitervereine suchen untereinander internationale Verständigung; darüber hinaus hört man nennen: Die Vereinigten Staaten Europas, die Einheit der Kulturvölker (Kultur ist die Sitte, die man selber hat), Arier, weiße Rasse usw. Nun, wenn die künstliche Weltsprache nicht gerade das gemeinsame Gehirn auch für die schwarzen, braunen, gelben und roten Menschenbrüder sollte werden können, so wäre doch die Vereinigung aller europäischen und amerikanischen Völker unter eine einzige Sprache eine Tat von recht unerhört revolutionärer Größe. Der bisherige Fortgang aber der Bewegung, die der sozialen Einheit aller Menschen durch Erfindung einer Weltsprache (Volapük oder Esperanto) dienen möchte, hat mich zu einem durchaus ablehnenden Urteile gebracht. In zwei ablehnenden Thesen möchte ich für alle, die sich mit diesen Utopien wissenschaftlich beschäftigt haben, meinen Standpunkt kurz begründen.

Wenn man eine These eine Begründung nennen darf.

1. Eine Idealsprache, die die Anomalien (nicht nur die grammatischen Anomalien) vermeiden könnte, ist heute ebenso unmöglich, wie zur Zeit des Bischofs Wilkins, weil der einer solchen Idealsprache zugrunde zu legende Weltkatalog von unsern Naturwissenschaften nicht hergestellt worden ist und niemals hergestellt werden kann.

2. Wollte man auf eine Idealsprache Verzicht leisten und bescheidentlich nur irgendeine künstliche Sprache erfinden, um überhaupt zu einer Sprachgemeinschaft der Kulturvölker zu kommen, so würde man das groteske Abenteuer erleben, dass das neue Geschöpf zwar allerdings künstlich, nur aber keine Sprache wäre, der Erfinder ein Bankrotteur ohne Reserve, für die Kontrolle weder ein Volk noch ein fertiges Wörterbuch, dass die neue Weltsprache selbst der internationalen Wissenschaft nicht besser dienen könnte als eine der vorhandenen Volkssprachen, weil die künstliche doch eben keine Idealsprache wäre, sondern nur die schülerhaft künstliche Übersetzung einer vorhandenen Sprache, der Muttersprache des Erfinders z. B., dass endlich in der künstlichen Weltsprache der Meisterzug der Volksprache, ein ausgezeichnetes Werkzeug der Wortkunst zu sein, mangels einer inneren Sprachform unrettbar verloren gehen müsste. Mit dem freien Lachen, das mir die Utopisten hoffentlich nicht verwehren werden, möchte ich noch eine Vermutung hinzufügen: Brächten wir es wirklich zu einer Weltsprache, die eine brauchbare, reiche, organische, gebrauchte Sprache wäre, so würde sie sofort nach den bisherigen Nationen in Mundarten, hundert Jahre später in neue Nationalsprachen zerfallen,

und wir hätten das alte Gefrett. Wenn's nämlich wirklich ein Gefrett ist.

So viel oder so wenig für die Gläubigen der Weltsprache. Für die andern, die sich mit Volapük, mit Esperanto und mit den andern künstlichen Sprachen nicht beschäftigt haben, noch einige Worte. Vor 25 Jahren erfand der Schweizer Pfarrer Schleyer das Volapük, eine Universalsprache, deren »Wurzeln« beinahe zur Hälfte der englischen Sprache entnommen waren (Vola-pük = world-speak, Weltsprache), die aber trotzdem dem kleinen Geschäftsverkehr und dem größeren Ziele eines Weltfriedens auf Erden dienen sollte. Nach Art pietistischer Konventikel entstanden viele Volapükvereine, am häufigsten unter den Franzosen, die doch sonst nur selten eine Neigung zu fremden Sprachen verraten. Vielleicht reizte die Franzosen die revolutionäre Schmucklosigkeit des Volapük, die logische Leblosigkeit und vielleicht nicht zuletzt die Zentralisationstendenz im Weltsprachengedanken. Heute ist von dem ganzen Lärm kaum mehr übrig geblieben, als die Lautgruppe »Volapük«, die wirklich allen Kultursprachen gemeinsam geworden ist und die überall einen komischen Nebenton hat, als ob der oder das Volapük des Pfarrers Schleyer das Unternehmen eines Narren gewesen wäre.

Es steht aber um die Universalsprache genauso, wie um andere Utopien. Immer ist das letzte Ziel schön und preisenswert; immer ist die Kritik der bestehenden Zustände berechtigt. Nur eine Kleinigkeit steht infrage: Ob es einen gangbaren Weg zum Ziele gibt, ob die kurze Strecke zwischen Erde und Mond passierbar ist. Ich zähle leider nicht zu den besseren Menschen, die für Utopien einen Glauben mitbringen, welcher Berge versetzt: Ich glaube nicht an die Verwirklichung des vernünftigen Zukunftsstaates, nicht an den ewigen Frieden, nicht an die Mondreise, nicht an die Herrschaft einer Universalsprache.

Ich muss noch Schlimmeres bekennen. Der ich trotzdem an Verbesserungen glaube, die intelligente Arbeiter den Regierungen abtrotzen werden, der ich auf manchem Gebiete an Annäherungen an ein wirklich soziales Leben glaube, an kriegsfeindliche Verabredungen, also an Verseltenung der Kriege unter einigen abendländischen Völkern, der ich an die baldige Erfindung eines lenkbaren Luftschiffes glaube, das uns dem Monde um einige Kilometer, also etwa um ein Hunderttausendstel näher bringen wird: Ich glaube nicht, dass irgendeine der künstlichen Universalsprachen auch nur ein Bruchteil der winzigsten Hoffnungen erfüllen werde, die ihre Stifter und Gläubigen auf sie setzen.

Die Kritik der bestehenden Volkssprachen ist längst von der Sprachwissenschaft selbst geübt worden. Alle Menschensprachen, die Kultursprachen sowohl wie die Sprachen der sog. Wilden haben sich irrational, unvernünftig entwickelt. Der Wortvorrat bildet bei keinem Volke einen übersichtlichen wissenschaftlichen Bau, das Wörterbuch deckt sich nie mit der wissenschaftlichen Erkenntnis der Wirklichkeit. So lassen sich z. B. die Pflanzennamen der Volksprachen nicht für eine systematische Botanik, die Namen der Gesteine nicht für eine systematische Mineralogie, die Namen der sog. Elemente, soweit sie allgemein bekannt und Stoffnamen geworden sind, wie Gold, Eisen usw., schon gar nicht für eine systematische Chemie verwenden. Darum hat man auf diesen Gebieten künstliche internationale Sprachen schaffen müssen; man hat entweder die tote lateinische Sprache weitergebildet, oder eine neue Zeichensprache erfunden; einer lebendigen Sprache gehören weder die wissenschaftlichen Namen der Botanik an, noch die Wortungeheuer der neuen Chemie, abgesehen davon, dass die wissenschaftliche Begründung diese beiden Gruppen von Lautgruppen nicht davor schützen wird, eines Tages wissenschaftlich gestürzt zu werden. Ebenso wenig deckt sich die Formenlehre der bestehenden Sprachen, die Grammatik, irgendwo mit den Forderungen einer philosophischen Formenlehre. Die eine Sprache ist mit überflüssigen Geschlechtsunterschieden belastet, die andere besitzt überflüssige Beugungsformen des Hauptworts und des Zeitworts, die dritte kann anderswo wichtige Beziehungen gar nicht besonders ausdrücken; und alle Sprachen ohne Ausnahme haben in ihren Formen Ungleichheiten und Unregelmäßigkeiten, die das Erlernen so ungemein erschweren. Das scheint mir aber gerade der Punkt zu sein, der die Fehler der Sprachen von den Fehlern unserer sozialen Zustände wesentlich unterscheidet. Unter gesellschaftlichen Missständen leiden unzählige Menschen, unter der Mangelhaftigkeit der Sprachen leiden nur Sprachphilosophen. Es gibt auf der Welt mehr hungernde und beladene andere Menschen als Sprachforscher. Darum ist eine Gesundung der Grammatik keine so dringende Aufgabe, wie etwa eine gute Arbeitergesetzgebung.

Noch weniger dringend als eine philosophische Grammatik scheint mir die Aufgabe, allen Menschen eine gemeinsame Sprache zu geben.

Wir empfinden nicht mehr so kosmopolitisch wie man an der Wende vom achtzehnten zum neunzehnten Jahrhundert empfand. Die Menschenverbrüderung ist seit hundert Jahren immer unklarer geworden, der Begriffswert des Wortes ist zurückgegangen. Und damit musste natürlich auch das Ansehen einer Weltsprache als eines Mittels zur Menschenverbrüderung beträchtlich sinken. Es war kein rechter Zweck mehr da, das Mittel zu heiligen. Dazu kam noch eins. Wie der Kosmopolitismus sich abschwächte, erstarkte die Nationalitätsidee. Die Liebe zur eigenen Heimat, die Liebe zum eigenen Volke ist aber wesentlich Liebe zur Muttersprache, deren Erlernung uns nicht schwer geworden ist, deren Mängel wir nicht hören, nicht fühlen. Wir lieben sie viel leidenschaftlicher, als wir gewöhnlich wissen. Wir lieben sie mit Sehnsucht und Eifersucht. Die bequeme und leichte Universalsprache können wir achten, würdigen, aber wir können sie ebenso wenig lieben, wie wir ein sauberes Skelett zu umarmen wünschen. Das gilt auch für die neueste Weltsprache, das »Esperanto« des Doktor Samenhof.

Der Erfinder des Esperanto war oder ist ein kluger Mann. Er wusste, was man der Einführung einer Weltsprache entgegenhalten konnte und nannte daher schlau oder vorsichtig sein Kunstprodukt eine »internationale Hilfsprache«. Die bestehenden Volksprachen sollen nicht abgeschafft werden. Doktor Samenhof ist ein gnädiger Herr. Der Deutsche, der Franzose, der Engländer usw. soll in seinem Lande die Muttersprache weiter reden dürfen. Aber der Kaufmann, der Gelehrte soll nicht mehr nötig haben, drei, vier oder mehr Kultursprachen neben seiner Muttersprache zu verstehen. Jedes Volk lernt neben seiner Muttersprache nur noch das neue Volapük des Dr. Samenhof und allen ist geholfen. Die Literatur jedes Volkes wird in das neue Volapük übersetzt (später vielleicht im neuen Volapük geschrieben), und jeder Gelehrte in Frankreich und Deutschland, in Russland und Japan, in Indien und in Amerika beherrscht alle Literaturen der Erde mithilfe des kinderleichten neuen Volapük. Das ist so einfach wie die Kunst, eine Grube zu graben. Der andere braucht nur hineinzufallen.

Das Esperanto des Dr. Samenhof ist allerdings verführerischer als das Volapük des Pfarrers Schleyer. Volapük klang keiner Menschensprache ähnlich. Esperanto klingt an die bekanntesten Sprachen an. Wortstämme und Bildungssilben sind verbreiteten Kultursprachen entlehnt, und die Worte, die den Europäern ohnehin gemeinsam sind, werden einfach herübergenommen, weil sie ja doch den Beginn einer Universalsprache darstellen. Aus diesem Grunde ist es keine Flunkerei, wenn die Prediger des Esperanto behaupten, man lerne es in der kürzesten Zeit verstehen. Wer einfache Esperantosätze ganz unvorbereitet zur Hand nimmt, der glaubt eine verrückt gewordene romanische Sprache vor sich zu haben und errät auf den ersten Blick, um was es sich ungefähr handle. Eine Stunde genügt, um die primitive Grammatik zu erlernen. *Für* eine Stunde. Ich bilde mir gar nichts darauf ein, dass ich nach wenigen Stunden imstande war, einen kleinen Aufsatz einer esperantischen Zeitschrift zu lesen und zu verstehen. Unsere Schulkinder bringen das mit ihren Geheimsprachen ebenso gut fertig. Die Frage ist nur, ob der erwachsene Schüler im Erlernen des Esperanto weiter so fortschreiten könnte wie in den ersten Stunden.

Eine Antwort aber auf diese Frage ist vollends überflüssig, wenn ich oben mit meinen beiden Thesen recht gehabt habe: Dass weder Esperanto noch irgendeine Weltsprache, sei sie künstlich oder natürlich, eine Idealsprache sein könne, und dass niemals eine künstliche Sprache überhaupt die ehrende und gemütliche Bezeichnung »Sprache« verdiene. Auch Esperanto ist keine Sprache, wird nie eine Sprache werden. Für eine der Universalsprachen wurde einmal die Anhängerzahl von 13.000 Seelen errechnet. Ein Maximum wahrscheinlich. Die Zahl macht es nicht. Ein Volk von 13.000 Seelen kann seine eigene Sprache besitzen. Aber die fleißigen Herren, die den neuen Sport erfunden haben, einander volapükische oder esperantische Briefe zu schreiben, üben sich nicht in einer neuen Sprache. Nur in den Spielregeln eines neuen Schreibespiels. Abenteuerlich ist der Gedanke, diese Spielregeln zur Unterlage zu nehmen, um die gesamte Weltliteratur in die neue Sprache zu übersetzen. Es scheint mir fast Verschwendung, das Unsinnige dieses Gedankens erst beweisen zu wollen.

Ich habe schon darauf hingewiesen, dass keine dieser Kunstsprachen ein fertiges Wörterbuch besitze, dass ein Volk als Hüter einer ererbten Sprache nicht vorhanden sei, dass man also in jeder Übersetzungsschwierigkeit (unaufhörlich also, wie die Sache liegt) beim Erfinder selbst anfragen müsste. Und der ist ja mit seiner Sprache – um das Tollste hervorzuheben – auch noch nicht fertig geworden. Wie mag da wohl die gepriesene esperantische Hamlet-Übersetzung zustande gekommen sein? Ein großes Wörterbuch Englisch-Esperanto finde ich nirgends erwähnt. Ich werde den skurrilen Verdacht nicht los, dass Dr. Samenhof während des Übersetzens den nötigen Vorrat an Worten erst erfunden haben mag. Und nachher sollen diese Zufallsworte des Augenblicks Bestandteile einer Weltsprache der Zukunft bilden!

Und weil Esperanto überhaupt keine Sprache ist, darum werden sich immer nur Sonderlinge, nicht aber ganze Völker bereitfinden, es als zweite Sprache anzuerkennen und es in den Schulen lehren zu lassen. Sollte sich irgendwo ein Unterrichtsminister finden, revolutionär genug, Esperanto oder Volapük in den Volksschulen einzuführen, so proklamiere ich für die gesamte Schuljugend dieses Staates das Recht auf Revolution.

Dr. Samenhof hat allerdings für seine Erfindung Esperanto mehr Sprachweisheit mitgebracht als der Pfarrer Schleyer für sein Volapük, mehr logischen Fleiß als der Pariser Plakatenschreiber Bolack für seine langue bleue. Trotzdem hätte ich mich auch mit dem Esperanto nicht so eingehend beschäftigt, wenn nicht namhafte Gelehrte in Deutschland und Frankreich eine Propaganda gerade dieser Utopie unternommen hätten. Für das Ideal einer Universalsprache überhaupt sind ja seit Leibniz viele Forscher eingetreten. In den letzten Jahren bei uns die Professoren Diels und Tönnies.[2] Diese beiden blieben aber skeptisch gegenüber den künstlichen Sprachen und sahen entweder in der lebendigen Sprache des imperialistischen England oder in der mühsam genug überwundenen Gelehrtensprache, im Lateinischen (In welchem Latein? Im feinen Latein Ciceros? Im groben Mönchslatein? Oder im leblosen Latein der Humanisten?), die künftige Weltsprache. Nun haben sich aber auch Gelehrte gefunden, die mit ihrem guten Namen und selbstverständlich in gutem Glauben für die Unübertrefflichkeit des Esperanto eintraten, wie gelegentlich (man denkt an Balzacs César Birotteau) andere Gelehrte für die Unübertrefflichkeit eines neuen Haarfärbemittels. So besonders Couturat in Frankreich, Ostwald in Deutschland. In Frankreich entsteht unter Mitwirkung von Couturat, groß angelegt, ein philosophisches Lexikon, das zum

2 Schon früher ist H. Schuchardt, ganz selbstständig, für das Volapük eingetreten. – Lesenswert F. Tönnies: »Philosophische Terminologie in psychologisch-soziologischer Ansicht«. – Für die Geschichte der Bewegung ein Aufsatz von R. M. Meyer: »Künstliche Sprachen«.

Spott kommender Generationen neben die Termini der vier abendländischen Kultursprachen auch noch die »internationalen Wurzeln« des Esperanto setzt. Fast ebenso weit hat sich der berühmte Chemiker und Naturphilosoph Wilhelm Ostwald vorgewagt. Er ist mit den bestehenden Sprachen so unzufrieden, als ob er sich wenigstens flüchtig mit Kritik der Sprache beschäftigt hätte. Aber er lehrt (Vorlesungen über Naturphilosophie, 2. Aufl. S. 35 f.), die Sprache sei eben nur »ein Werkzeug, das sich die Menschen zu bestimmten Zwecken hergestellt haben«; dann vergleicht er die Sprache wieder mit einem alten Hause, das man nicht abreißen wolle, das man für Freud und Leid, für Geburt und Tod beibehalten könne, neben das man aber ein neues Haus für besondere Zwecke setze; er dachte es sich sehr einfach, er ist ja Chemiker, die Sprachbegriffe in ihre einfachsten Bestandteile zu zerlegen und aus diesen Elementen eine bessere Weltsprache aufzubauen. Im Esperanto glaubt er dieses Ziel erreicht. Einige Entgleisungen in einem Kapitel über den Willen und das Willensorgan (S. 415 u. 427) scheinen mir zu beweisen, dass Ostwald ein Sprachgewaltiger nicht ist. Eine sehr gute Abfertigung hat Oswalds Propaganda durch Theodor Gomperz erfahren; doch Gomperz beschränkt sich beinahe völlig auf den Nachweis, dass Esperanto eine praktische Aussicht zum Siege nicht habe. Auf dem Wege dieses Gelehrten liegt nicht die erkenntnistheoretische These, dass ein Weltkatalog und eine auf ihm begründete Idealsprache nicht möglich sei, liegt nur halb die sprachphilosophische These, dass Esperanto keine Sprache sei, weil eine Sprache nur zwischen den Menschen entstehen, nicht von einem einzelnen Menschen erfunden werden könne.

* * *

Dieser meiner Negation, der Ablehnung aller volapükischen Utopien, möchte ich aber den Ausdruck der Überzeugung an die Seite setzen, dass trotz der Ungunst der Zeiten die Welle des sozialen Gedankens ihren Kreis weiter und weiter zieht. Von dem Traume einer allgemeinen Menschenverbrüderung haben wir uns freilich weiter entfernt, als der Kosmopolitismus vor etwa hundert Jahren ahnen konnte. Im Kampfe um die Erdoberfläche, im Wettstreit um die sog. Kolonien, werden die Menschenrechte der andersfarbigen Völker fast nur noch heuchlerisch vorgetragen, zu politischen Zwecken im eigenen Hause.

Aber innerhalb der Kulturvölker, deren Gemeinschaft historisch d. h. zufällig mit der alten Gemeinschaft der Christenheit ungefähr zusammenfällt, ist trotz Nationalhass und Geldgier, trotz religiöser Gegensätze und ewiger Kriegsgefahr doch etwas wie eine geistige Einheit entstanden, die einer Universalität des Denkens oder der Sprache zum Verwechseln ähnlich sieht. Wie es in China eine gemeinsame Schrift gibt, die von verschiedenen Stämmen des Reiches verschieden gelesen und ausgesprochen, aber völlig gleich verstanden wird, – wie am Ende auch unsere deutsche Schriftsprache von einem Bauern des Kantons Zürich und von einem Fischer der Wasserkante ganz verschieden gelesen (sie könnten miteinander nicht sprechen), aber ganz gleich verstanden wird, – so gibt es auch für die Weltanschauung der abendländischen Kulturvölker und Amerikas eine Gemeinsamkeit der Seelensituation, die trotz der Verschiedenheit der Mundarten oder Sprachen zu einer Internationalität geführt hat. Namentlich die Seelensituation der Großstädter aller Völker ist auf den Gebieten des Wissens gemeinsam. Dieses ungeheure Gebiet des Wissens ist freilich in viele verschiedene Sprachen aufgeteilt; aber diese Sprachen sind wie Meere, die die Völker nicht trennen, sondern verbinden. Altertum und Mittelalter kannte diese Gemeinsamkeit der Seelensituation zwischen den Völkern wirklich noch nicht. Das bisschen Wissen der Menschen musste sich erst allgemeiner verbreiten. Dass das Wissen zugleich größer geworden ist, hat der allgemeinen Verbreitung nicht geschadet. Die besten Werkzeuge dieser ungeheuren Veränderung waren zwei Erscheinungen, die seltsamerweise überall mit dem gleichen Worte bezeichnet werden; Buchdruck und Zeitungswesen versteht man unter dem Worte »Presse«.

Das Anwachsen beider Formen der Presse hat nun in Büchern und Zeitungsblättern eine neue Erscheinung gezeitigt, die die Internationalität der Volksseelensituation mehr gefördert hat, als irgendeine künstliche Weltsprache das hätte leisten können. Die Übersetzungsliteratur, die unendliche Masse aller Übersetzungen, die sich von einem Volke über das andere ergießen, von einem Meisterwerke an, das einen deutschen Arbeiter den Hamlet auf Deutsch zitieren lässt, bis herunter zum Diebstahl oder Nachdruck, der die Spalten einer kalifornischen Zeitung mit Schnitzeln aus französischen Blättern füllt. Um die schwindelerregende Weite solcher Wirkung, die Macht der internationalen Seelensituation zu ermessen, besinne man sich auf die immer wiederkehrenden Fälle, wo die vox populi des gesamten Erdenrundes, ohne Sachkenntnis und ohne Prüfung, auf eine Frage die gleiche Antwort gibt. Solche Fälle sind natürlich zur Zeit der telegrafisch bedienten Presse und der Schnellzüge häufiger als sie zur Zeit der Postschnecken waren. Nur gigantische Ereignisse konnten einst eine gemeinsame Seelensituation herstellen und gerade nur für die nächsten abendländischen Völker: so das Erdbeben von Lissabon, so die große französische Revolution. Später konnte schon die kleine Revolution von 1848 ihre Wellenkreise über Europa ziehen; und gegenwärtig haben wir so ziemlich jedes Jahr ein kleines Ereignis, das oft weit über das Abendland hinaus die Antwort einer gemeinsamen Seelensituation auslöst. Eine Antwort der Zustimmung oder der Entrüstung. Man denke an die Buren, an Dreyfuß, an Japan, an den unübertrefflichen Hauptmann von Köpenik. Vier Namen, die doch plötzlich Begriffe einer internationalen Sprache geworden sind. Nebenbei bemerkt: In zwei von diesen Fällen war die gemeinsame Seelensituation der Menschheit mit der Wirklichkeit vorübergehend einverstanden, mit der Freisprechung von Dreyfuß und mit dem Aufschwünge Japans; in den beiden andern Fällen war die Menschheit mit der Wirklichkeit vorübergehend nicht einverstanden, nicht mit der Niederwerfung der Buren, nicht mit der Verurteilung des Mannes von Köpenik; die gemeinsame Seelensituation der Menschheit, weil sie nur Gerede ist, scheint ebenso ohnmächtig zu sein wie die Rede, die ein einzelner Abgeordneter eines einzelnen Volkes aus dieser Menschheit vorzutragen beliebt.

Ist nun also die Forderung einer künstlichen Weltsprache ein unerfüllbarer und wüster Traum, ist dagegen durch die unabsehbare Übersetzungstätigkeit (unübersehbar in den Büchern, zehnmal unübersehbarer in den Zeitungen) wirklich eine gemeinsame Seelensituation der Kulturvölker, und oft weit über die hinaus, im Entstehen und im Wachsen begriffen; darf ich die Schlagworte dieser Weltseelensituation als Elemente einer heimlichen Weltsprache auffassen: so ist dabei des wichtigsten Umstandes noch gar nicht gedacht, einer Tatsache, über die der Fuß des wandernden Forschers unaufhörlich schreitet und stolpert, an der die Wissenschaft der Forscher trotzdem blind oder teilnahmslos vorübergegangen ist. Ich meine die Tatsache: dass jetzt nur schnell geschieht, was einst langsam geschah, dass ein Volk vom andern nur verhältnismäßig wenige Namen und Dingworte unverändert bezieht, als sog. Fremdwörter, die allmählich zu Lehnwörtern werden können, dass aber die gemeinsame Seelensituation der Kulturvölker, insoweit sie trotz Mord und Krieg vorhanden ist, herbeigeführt worden ist durch den gemeinsamen Besitz von Erfindungen und Entdeckungen, von Kenntnissen und von Scheinkenntnissen, von Ideen, Abstraktionen, Göttern und Fetischen. Durch den gemeinsamen Besitz von Begriffen, die gemeinsam sind wie die chinesischen Schriftzeichen, auch wenn sie bei verschiedenen Völkern an verschiedene Lautgruppen geknüpft sind. Die gemeinsamer Besitz geworden sind durch das weltumspannende Netz einer Bande, die endlos Diebstahl und Entlehnung treibt. Einer Bande von ehrlichen und unehrlichen Leuten, von genialen Erfindern und gierigen Marodeurs, von ganz großen Philosophen und ganz kleinen Zeitungsschreibern, einer Bande, von deren Mitgliedern ein jedes sein winziges Gewerbe treibt, durch Ideen- und Worthandel sein armes Dasein fristet, einzig und allein an die Verwandlung von Ideen und Worten in Nahrungsmittel denkt, von einer Bedeutung der Sprache für soziale Zwecke oder gar für internationale Zwecke nichts träumt und nichts ahnt, dennoch aber, ahnungslos und schlafbefangen mitarbeitet an dem großen Werke, an der Herstellung einer internationalen Seelensituation, an der Befreiung des Einzelnen von dem Egoismus der Völker.

* *
*

Wer erkennen will, wie stark diese meine Lehre von dem abweicht, was auf den meisten Hochschulen Europas von hundert Kathedern gelehrt wird, der achte freundlichst auf eine Kleinigkeit. Man spricht vom Volke, sehr viel sogar. Nicht nur in der Politik, sondern auch in der Wissenschaft. Was aber das Volk oder ein Volk sei, darüber gehen die Wortdefinitionen gar sehr auseinander, die seit Kants Anthropologie immer volkshöflicher aber nicht besser geworden sind. So ungefähr wird freilich allgemein behauptet: Volk sei eine durch gemeinsame Abstammung, Sprache und Sitte vereinigte Menschenmenge. Ich will mich mit dem Lachen über die versteckten Tautologien dieses Satzes nicht aufhalten. Der Satz, den man so oder ähnlich überall lesen kann, enthält einen viel gröberen logischen Schnitzer. Der ehrwürdige Kant, der auch als Greis noch lange ein Meister der Kritik blieb, sagt vorsichtig, leider freilich auch tautologisch genug:

»Unter dem Wort *Volk* versteht man die in einem Landstrich vereinigte *Menge* Menschen, insofern sie ein *Ganzes* ausmacht« (Werke A. d. Akad. Bd. VII, S. 314). Köstlich, dieses »insofern«. Kant hütet sich, die schon damals landläufigen Kennzeichen zu wiederholen, an denen man das Volktum der Menge, ihre Einheitlichkeit erkennen könnte. »Gemeinsame Abstammung, Sprache und Sitte.« Das klingt selbstverständlich, zweifellos und logisch. Die Deutschen bilden ein deutsches Volk, weil alle deutschen Menschen gemeinsame Abstammung, Sprache und Sitte haben. Aus dem gleichen Grunde bilden die Franzosen das französische Volk, die Engländer das englische Volk. Man braucht nicht eben tiefe historische Studien gemacht zu haben, um zu wissen, dass das mit der gemeinsamen Abstammung der Volksgenossen einfach unwahr ist, das von der gemeinsamen Sitte mindestens zweifelhaft. Ich verzichte darauf, erst noch beweisen zu wollen, was jedermann weiß, der noch so kurz sich mit der Geschichte des deutschen, des französischen, des englischen Volkes beschäftigt hat, der noch so kurzsichtig eines der Länder zwischen Süden und Norden bereist hat. Ganz vortrefflich hat, trotzdem eine Tendenz ihn leitet, Jean Finot die Legende von der Abstammungspsychologie bekämpft in seinem Buche »Das Rassenvorurteil«.

»Volk« bezeichnete wohl ursprünglich, jetzt noch in mancher dichterischen Verwendung, eine Kriegerschar. »Jünger ist die uns jetzt als eigentliche Bedeutung erscheinende Verwendung für einen politischen Verband, noch jünger die für eine durch Gemeinsamkeit der Sprache zusammengehaltene Gruppe.« (Paul, Deutsches Wörterbuch.) Mich will bedünken, dass dieser jüngste Bedeutungswandel des jungen Wortes recht allgemeine Ausbreitung gefunden hat. Wenn es jetzt als ein Synonymum von Nation auftritt, so ist das nur eine Folge der neuesten politischen Umwälzungen. Bis zum Jahre 1870 konnte man unter dem deutschen Volke gar nichts anderes verstehen als die Menge mit gemeinsamer deutscher Sprache. Ganz leise haftet dem Worte übrigens die levis macula des »niederen« Volkes an, vielleicht doch eine Erinnerung an vulgus. Nation ist vornehmer, ist überdies international. Und wenn die Abkunft »Volk von vulgus« unsicher ist, so ist es umso gewisser, dass natio von nascor herkommt, zuerst die Geburt oder Abstammung bedeutete, dann die angeborene Art, den Schlag von Mensch oder Vieh und endlich das Volk von gemeinsamer

Abstammung, Sprache und Sitte. So weit reicht der Glaube zurück, dass ein Volk einen gemeinsamen Stammvater haben müsse.

Aber der logische Schnitzer in der landläufigen Definition sagt noch mehr aus als diesen Irrtum. Abstammung, Sprache und Sitte werden da einfach koordiniert, als ob es gar nicht anders sein könnte, als ob eine besondere Göttin Natio, die Cicero einmal genannt hat, es den Völkern als ein Schicksal auferlegt hätte, gemeinsame Abstammung, Sprache und Sitte zu haben. Der gefährliche logische Schnitzer steckt nun darin, dass die Koordination von Abstammung, Sprache und Sitte auch dann noch überall beibehalten wurde, als die lange Arbeit der Geschichte, Philologie und Sprachwissenschaft die Koordination in eine Subsumption umgewandelt hatte, als von allen Lehrstühlen das Dogma verkündet wurde, die Gemeinsamkeit von Sprache und Sitte sei eine Folge der gemeinsamen Abstammung.

Zum Dogma wurde diese Lehre, die als unwissenschaftliche Wahrscheinlichkeit eigentlich immer beim »gemeinsam abstammenden« Volke geherrscht hatte – zum Dogma wurde diese Lehre doch erst durch das viel umfassendere Dogma von der Abstammung der Sprachen, von der Sprachverwandtschaft. Nach diesem weitern Dogma lässt eine auffallende Ähnlichkeit verschiedener Sprachen auf gemeinsame Abstammung dieser Sprachen schließen (was nur ein Bild ist) und auf gemeinsame Abstammung der Völker (was kein Bild ist).

* * *

Die Fabel von einem gemeinsamen Stammbaum der sog. arischen Sprachen ist jetzt nach den skeptischen Arbeiten von Johannnes Schmidt nicht mehr aufrecht zu halten und wird auch von den führenden Sprachwissenschaftlern vorsichtig vermieden. Ich sehe die Zeit nicht ferne, wo man den Begriff Sprachverwandtschaft gar nicht mehr gebrauchen, wo man die Ähnlichkeit von Sprachbestandteilen größeren Teils auf Entlehnung, auf Entlehnung voneinander oder auf gemeinsame Entlehnung, zurückführen und kleineren Teils unerklärt lassen wird, wo man endlich darauf verzichten wird, die Methode der Historie auf prähistorische Zeiten anzuwenden, die Wissenschaft der Überlieferung auf die Zeit ohne Überlieferung. Ihre Triumphe feierte die Stammbaumzeichnerei der vergleichenden Sprachwissenschaft für Zeiten, aus denen wohl Literaturquellen, aber nicht die historischen

Zusammenhänge auf uns gekommen sind. Wo wir die Zusammenhänge kennen, im Lichte der historischen Zeit, da gibt es keine Tochtersprachen mehr, da gibt es nur noch Entlehnungen der schwächeren Kultur von der stärkeren Kultur (wobei oft genug Mode, Religion oder Kriegsruhm darüber entschieden haben mag, was schwächer und was stärker heißen sollte), Einzelentlehnungen und Massenentlehnungen, Entlehnungen aus besonderen Kulturzweigen und Entlehnungen ganzer Kulturen. Ein kleines Wörterbuch haben die Lateiner von den Griechen entlehnt, die neuen Perser von den Arabern, die Spanier von den Germanen und von den Arabern, dann aus dem Wortschatze der lateinischen Schriftsprache, ein kleines Wörterbuch haben die Deutschen und die Holländer von den Franzosen, die Russen und Polen von den Deutschen und Franzosen entlehnt, ein halbes Wörterbuch haben die Engländer den Franzosen entlehnt, mehr als ihr halbes Wörterbuch haben die Franken, nachdem sie durch ältere Entlehnung Franzosen geworden waren, wieder der lateinischen Schriftsprache entlehnt. Und wenn wir (um bei den Quellen unserer Kultur zu bleiben) eine gleiche Fülle von Lehnworten im Hebräischen und im Griechischen nicht nachweisen können, so liegt das wohl nur an unserer Unwissenheit, nicht an der Blutreinheit dieser beiden Sprachen und Völker. Halten wir die Bedeutung all dieser Entlehnungen für Sprachgeschichte und internationales Völkerleben fest, bekennen wir dazu, dass sogar noch im Begriffe Entlehnung, Sprachentlehnung, ein schiefes Bild mit verborgen ist – weil doch nicht etwa wirklich eine Sprache von der andern, eine bedürftige Sprache von einer reicheren Sprache borgt, sondern immer bedürftige sprechende Menschen der einen Gruppe aus dem reicheren Vorrat der Nachbargruppe – dann zerfließt vor unserem Denken noch mehr als die Begriffe Abstammung und Tochtersprache; dann wird es, ich will nicht sagen Willkür, aber doch Zufall des Standpunktes, wenn wir z. B. die französische Sprache romanisch, die englische Sprache germanisch nennen müssen. Denn bloß auf den Wortschatz angesehen, war eine Zeit lang nicht nur die englische, sondern auch die deutsche und holländische Sprache in Gefahr (»in Gefahr« enthält schon ein nationales Gefühlsurteil) so romanisch zu werden, wie die französische und die spanische Sprache sind. Aus Stimmungen heraus, die zufällig waren wie alle Geschichte, empörte sich die deutsche und die holländische Nation, die Holländer gingen voran, gegen eine weitere Invasion von Fremdwörtern; noch älter als bei den Holländern ist das Einschreiten des germanischen Purismus bei den Engländern gewesen. Die Entlehnungen der Franken dagegen waren von Anfang an so massenhaft aufgetreten, dass ein fränkischer Purismus gar nicht aufkommen konnte, dass die zu Franzosen gewordenen Franken bei der Plünderung der altlateinischen Schriftsprache gar nicht mehr die Empfindung hatten, aus einer fremden Sprache zu entlehnen. Sie betrachteten den ganzen Vorgang nicht mehr als Verschuldung, sondern eher wie eine Gefälligkeit oder ein Geschenk zwischen Familienmitgliedern. Die Tochter brauchte nicht zu borgen, zu entlehnen, sie bekam nur ihre Mitgift.

Es wäre wohl einer Untersuchung wert, die eine völkerpsychologische Untersuchung sein müsste: Warum bei dem einen Volke eine puristische Reaktion eintrat, bei dem andern nicht. Sicherlich ist es dabei wichtig, dass die Masse der Entlehnungen nur in die Sprache der oberen Zehntausend eingedrungen war, der Menschen mit mehr internationalem Verkehr; der nationale, in seinen Grenzen gebliebene Grundstock des Volkes empörte sich gegen die Nachahmung des Fremden, weil er nur die Nachahmung des Einheimischen schön und nützlich fand. Noch wichtiger vielleicht ist ein Umstand, der immer wieder bemerkt, meines Wissens aber eben noch nicht gedeutet worden ist. Nicht nur die Wissenschaft, auch das Volksempfinden selbst beurteilt die »Verwandtschaft« einer Sprache weit weniger nach dem Wortschatz, dem Wörterbuch (von dem in diesen Bemerkungen über Entlehnung bisher allein die Rede war), als vielmehr nach dem innern Sprachbau, nach den Bildungssilben. Sollte es da nicht von entscheidender Bedeutung sein, dass auch die alltäglichsten und unumgänglichsten Dingworte, Tätigkeits- und Eigenschaftsworte nur verhältnismäßig selten eingeübt werden, wenn man ihre Wiederholung mit den unendlich vielen Wiederholungen der Bildungssilben vergleicht? Durch unendliche Einübung wird der Gebrauch der Bildungssilben, also des ganzen Sprachbaus, unbewusst, instinktiv, zur zweiten Natur, sodass allerdings der sprechende Mensch sich mit seinem Sprachbau, mit den Bildungssilben seiner Muttersprache noch mehr verwachsen fühlt als mit ihrem Wortschatz, zu dem er in einer Notlage jeden Tag neue Worte vom Nachbar entlehnen kann. Und mit Bewusstsein entlehnt hat. Entlehnungen von Bildungssilben sind in historischen Zeiten selten. Der innere Sprachbau ist oder scheint darum unveränderlicher, nationaler. Es ist freilich gewiss, dass die Entlehnung auch vor den

Bildungssilben nicht haltmacht. Das s des französischen Plurals ist z. B. ins Deutsche übergegangen (Kerls, Jungens). Überhaupt konnten in einer alten Zeit, in der nach allgemeiner Meinung unsere jetzigen Suffixe und Praefixe noch selbstständige Stammwörter waren, die späteren Bildungssilben ebenso entlehnt werden, wie andere Worte auch. Für die Prinzipien der Sprachgeschichte, für die Urgeschichte der Sprachen ist also aus dem Gegensatze zwischen Sprachbau und Wortvorrat nicht viel herauszuholen. Desto mehr für das subjektive Verhältnis eines Volkes zu seiner Sprache, für das wesentlich sprachliche Nationalgefühl, für die sprachliche Volks- oder Sozialpsychologie.

Was die Volksgenossen so unendlich oft eingeübt haben, dass es ihnen unbewusst zur zweiten Natur geworden ist, das ist für sie alle und für jeden einzelnen das Wesentliche an der Muttersprache. Der Sprachbau, der eigentümliche Lautschatz und die eigentümliche Betonung. Gegen die Aufnahme fremder Wörter haben die Volksgenossen nie und nirgends viel einzuwenden gehabt, solange die geliebte Muttersprache ihnen in Bau, Lauten und Betonung ungefährdet schien. Überschritt aber die Invasion der Fremdwörter diese Grenzen, wollte eine Gruppe von gebildeten Volksgenossen oder von Eindringlingen oder konnte die Masse der Fremdwörter den Bau, den Lautcharakter und die Betonung der Muttersprache ändern, dann erschien das wirklich wie Fremdherrschaft, wie Zwang zur Erlernung einer fremden Sprache, und das Nationalgefühl empörte sich. Dann entstanden die puristischen Bewegungen (schon im alten Rom) und wandten sich im Eifer des Kampfes, zum Schutze der bedrohten Muttersprache auch gegen die Aufnahme fremder Wörter, fremder Begriffe, fremder Kulturen. Umsonst. Die Römer, die Engländer (in deren Sprachgeschichte die Sachlage besonders deutlich ist), die Holländer, die Deutschen retteten ihre Nationalsprache, d. h. sie verhinderten ihre ererbte Sprache, dem Eindringling auch in Bau, Laut und Betonung ähnlich zu werden; aber die Invasion der fremden Kulturen ist von den Puristen niemals aufgehalten worden. Der Bestand an Fremdwörtern z. B. im Deutschen ist trotz Hebung und Überspannung des Nationalgefühls immer nur im Wachsen begriffen; für jedes dumme und überflüssige Fremdwort, das glücklich aus der Umgangssprache und aus der Darstellung guter Schriftsteller ausgemerzt wird, kommen zehn neue Fremdwörter aus den internationalen Gebieten von Wissenschaft, Kunst und Technik. Nimmt man diese neuen Entlehnungen zu altem und uraltem Fremdgut, der Masse von Lehnwörtern, die als Lehnwörter nachgewiesen und gebucht sind (von den viel zu vielen Wörtern zu schweigen, die Lehnwörter sind, wenn sie auch der geltenden Wissenschaft für urverwandt gelten), hat man vorher erkannt, dass im Bau, in den Lauten und in der Betonung einer Volksprache sich wohl unklar das Gemüt eines Volkes bergen kann, dass aber die geistige Seelensituation eines Volkes, seine bewusste und begriffliche Weltanschauung sich allein abbildet in seinem lebendigen Wortschatz, dann wird die Masse des Fremdguts zeigen, wie groß die Verschuldung jedes Volkes gegenüber seinem Vorgänger in der Kultur ist und von jeher war, wie nun gar in unsern Zeiten bei dem unausdenkbaren Reichtum und der Schnelligkeit des Verkehrs die gegenseitige Verschuldung der Völker eine gemeinsame internationale Seelensituation entstehen lässt, zwischen den Kulturvölkern, von der die alten Zeiten keine Vorstellung hatten. Ich will zur Verdeutlichung nur auf einen Punkt hinweisen. Die Übersetzung des Alten Testaments der Juden ins Griechische, die Septuaginta, und Luthers deutsche Bibelübersetzung mögen eine unmessbare Wirkung ausgeübt haben, Luthers Werk besonders mag als die Tat eines Sprachgewaltigen bewunderungswürdig sein, ein restloser, ja auch nur ein ruhiger Übergang von der einen Sprache in die andere ist nicht vorhanden. Die Diskrepanz der Seelensituationen bei den Juden einerseits, bei den Griechen, bei den Deutschen anderseits ist zu stark. In diesem Falle wird die Unmöglichkeit der Übersetzung nicht ganz klar, weil eine herrschende Religion die Unmöglichkeiten siegreich verteidigt hat. Wo eine solche fremde Macht nicht eingreift, wie bei der Übersetzung der Veden in moderne Sprachen, da stört die Diskrepanz der Seelensituationen fast in jeder Zeile. Und wenn vollends englische Missionare das Vaterunser oder den Katechismus in die Mundarten afrikanischer oder australischer Neger übertragen, um christlichen Glauben zu verbreiten, so können wirklich nur Missionare und deren Angestellte an die Möglichkeit einer Mitteilung glauben. Die Schwierigkeit der Übersetzung gehört nicht allein dem religiösen Gebiete an, wenn Übersetzer und Originale räumlich und zeitlich weit getrennten Völkern angehören. Auch Homeros ist eigentlich unübersetzbar; unübersetzbar nicht nur seine Götter, sondern auch die Realien, die Waffen, Geräte und Speisen seiner Helden; unübersetzbar der Rhythmus seines Hexameters. Wenn aber heute Engländer, Deutsche, Franzosen und Italiener, Holländer,

Tschechen, Russen ihre neuesten Bücher gegenseitig übersetzen, so geht freilich vom ästhetischen Werte viel verloren, nicht nur aus Dichtungen, aber der Beitrag zur internationalen Seelensituation, den uns das Buch geschenkt hat, geht restlos von der einen Sprache in die andere über.

* *
*

Der Gang der Untersuchung hat mich wie von selbst – »wie von selbst« ist bewusst und ehrlich zugleich – zu den Gründen des Purismus und zu den Wirkungen der Übersetzungen gelangen lassen. Und da bin ich bei der Erscheinung angelangt, von der ich vorhin sagte, dass jeder Forscher sie kennt, dass aber noch kein einziger ihre erstaunliche Bedeutung erkannt hat.

Vor dem Eingreifen des Nationalgefühls, vor dem Einsetzen puristischer Bewegungen entlehnen die Volksgenossen aus dem fremden Sprachschatz; nachher werden Entlehnungen von Fremdwörtern vermieden, aber umso massenhafter wandern die fremden Begriffe durch Übersetzungen in die Sprache herüber. Es gibt neuere Völker von so empfindlichem Nationalgefühl, dass sie den Purismus bis zum äußersten Extrem getrieben haben (Neugriechen und Tschechen). Sie können aber nur ihre Volksprache isolieren, nicht ihre Weltanschauung, die begriffliche Seelensituation. Es lässt sich natürlich nicht ziffernmäßig ausdrücken, wie groß bei den neuen Kulturvölkern (abgesehen von Fremdwörtern) der Anteil der fremden Welten an der eigenen Begriffswelt ist. Ich finde für diese Untersuchung fast gar keine Vorarbeit; ich werde darum noch Jahre brauchen, meine Notizen über diese Dinge zu sammeln und herauszugeben, falls ich es nicht gar müde werden sollte, den Stein zu wälzen. Vorläufig einige Worte, das Programm einer schweren Nebenaufgabe.

Unsere besten Wörterbücher, auch das Deutsche Wörterbuch, haben sich eine nationale Beschränkung auferlegt und sind nur selten so inkonsequent, auf die Tatsache hinzuweisen, die ich eben für so überaus wichtig halte: dass ein unübersehbar großer Teil des Wortvorrats entstanden ist und immer wieder neu entsteht durch Übersetzung aus dem Wortvorrat anderer Kultursprachen, sei es dass zur Übersetzung des fremden Worts ein bereits vorhandenes Grundwort der eigenen Sprache umgeformt wird, sei es, dass das bereits vorhandene

Wort der eigenen Sprache ohne Komposition, ohne Umformung, ohne Lautwandel zur Übersetzung des fremden Worts gebildet wird durch bloßen Bedeutungswandel.

Übersehen konnte die Tatsache nicht werden, wie gesagt. Whitney und Schuchardt haben einige Sprachmischungen gut beschrieben und Paul (Prinzipien der Sprachgeschichte, 2. Aufl. 376) hat auch die beiden Formen, die übersetzende Neubildung und den übersetzenden Bedeutungswandel, sauber auseinander gehalten. »Dieser Vorgang (beide Formen sind gemeint) ist besonders in der wissenschaftlichen und technischen Sprache neben der direkten Herübernahme fremden Materials üblich.« Aber so unerheblich erscheint auch ihm noch der »übliche Vorgang«, dass er nicht einmal eine zusammenfassende Bezeichnung sucht für die Erscheinung des Sprachlebens, die den Übergang der Kultur von einem Jahrhundert ins andere, von einem Volke zum andern begleitet oder verursacht, die jeweils neue Kultursprache bei der älteren in die Schule gehen lässt, die vollends über die einzelnen Volksprachen hinaus für die höchste aller sozialen Gruppen, für die Einheit der Kulturvölker, mehr geleistet hat, als der Einführung einer künstlichen Weltsprache je zuzutrauen wäre.

Ich möchte gleich zwei Bezeichnungen vorschlagen. Kümmert man sich nicht darum, ob die Einführung des Fremdbegriffs in die eigene Sprache durch Neubildung oder durch Bedeutungswandel erfolgt, so könnte man die ganze Gruppe von Erscheinungen recht gut Lehnübersetzung nennen; eine Übersetzung in Worten oder in Silben der Muttersprache, die dennoch durch Einführung neuer Begriffe Fremdgut erzeugt, Lehngut. Unter diesen Begriff der Lehnübersetzung fiele es dann, wenn respectus silbengemäß mit Rücksicht, expressio mit Ausdruck (älter und noch genauer: Ausdrückung), morsellum mit bisschen, beneficium mit Wohltat übersetzt wird; unter den gleichen Begriff fiele es aber auch, wenn das schon vorhandene Wort Geist benützt wird, spiritus in der chemischen und metaphorischen Bedeutung mitzuübersetzen, das schon vorhandene Wort »Wort«, um den in parole mitverstandenen Schwur mitzuübersetzen, das schon vorhandene Wort »Stimme«, um das in voix mitverstandene politische Recht mitzuübersetzen. (Die Lehnübersetzung der beiden letzten Begriffe ist über Deutschland in die russische Sprache weitergewandert: slowo, golos.)

Sollte es sich aber herausstellen, dass die beiden Formen der Übersetzung eine immer noch größere Bedeutung haben, als ich es angenommen habe, dann würde es sich empfehlen, verschiedene Bezeichnungen zu wählen. Für meinen Privatgebrauch nenne ich schon seit Jahren die Lehnübersetzungen von Fremdbegriffen durch Neubildungen: Bastard-Übersetzungen; nenne die Übersetzungen von Fremdbegriffen durch Bedeutungswandel vorhandener Worte: Bastardierten Bedeutungswandel. »Rücksicht, Ausdruck, bisschen, Wohltat« sind Bastardübersetzungen; »Geist« (Geist des römischen Rechts), »Wort« (ich gebe mein Wort), »Stimme« (mit Mehrheit der Stimmen) sind bastardierter Bedeutungswandel.

Bevor ich es versuche, durch wenige Beispiele eine Vorstellung von den Wegen und von der gegenwärtigen Macht der Lehnübersetzung zu geben, eine Vorstellung von der Bedeutung der Lehnübersetzung für Sprache und Sozialpsychologie, möchte ich doch ganz flüchtig eine historische Betrachtung vorausschicken, die an sich schon die Bedeutung der Lehnübersetzung zeigen könnte. Keine ungewohnte oder kühne historische Betrachtung. Schon der alte Horatius (Ep. II. I) hat es ja gewusst: »Graecia capta ferum victorem cepit et artis intulit agresti Latio.« Horatius hatte es ja selbst noch miterlebt, wie die griechische Kultur von der römischen verschlungen wurde, mit Haut und Haar; durch Einverleibung griechischer Worte und, als das römische Nationalgefühl den Purismus erfunden hatte, durch Lehnübersetzungen. Alle Vorstellungen, Gewohnheiten, Sitten, Kenntnisse und Techniken wurden importiert, mitsamt den zugehörigen Begriffen. Die halbe griechische Religion wanderte herüber; es kümmerte die Römer nicht und geht uns hier noch weniger an, dass es dabei ohne Göttervermengung und Namenvertauschung nicht abging. Spiele wurden importiert und Architekturformen. Ja sogar die Rhythmen der Verse, in denen Horatius dichtete, waren griechisches Fremdgut. Und diese Rhythmen, die doch wieder die lateinische Prosodie bastardierten, kamen zusamt mit ihrem Namen herüber, als Fremdworte oder als Lehnübersetzungen. Noch näher ging die Sprache die Grammatik an. Die junge Grammatik der griechischen Stoiker wurde von den eifrigen römischen Grammatikern verschlungen, mit Haut und Haar, als Fremdwort oder noch häufiger als Lehnübersetzung. Nicht anders als der Poesie und der Grammatik ging es der Philosophie. Der größte Teil von Roms Kunst und Wissenschaft ist Lehnübersetzung aus dem Griechischen. Diese Erscheinung, die wir aus dem Altertum vielleicht nur in diesem einzelnen Falle gut kennen, weil wir die andern Fälle gar nicht kennen, diese Erscheinung ist in übersichtlicherer Zeit ganz alltäglich geworden. Wer verfolgen wollte, wie die abendländischen Kulturvölker nacheinander Glieder der weltweiten sozialen Gruppe wurden, die wohl Romanitas hieß, bevor sie zur Christenheit wurde, – wer insbesondere die Sozialpsychologie der Sprache dabei im Auge behalten wollte, der würde häufig finden, dass das Schülervolk vom Lehrervolk ganze Schulgenerationen hindurch Fremdbegriffe und Fremdworte annahm, begierig sich fremde Waren und fremde Kulturen anzueignen, bis die Volksprache des Schülervolks entweder unterging oder bis die Volksprache unter revolutionären Zuckungen wieder zu sich selber kam, den Fremdwörtern den Krieg erklärte, die fremde Kultur hasste, aber mit alter Begierde in einer Springflut von Lehnübersetzungen nicht nur fremde Kultur, sondern die ganze fremde Weltanschauung aufnahm oder über sich hingehen ließ. Es ist bekannt, wie alle die Vorstellungen, die heute in den Fakultäten unserer Universitäten geordnet sind, staffelweise, mit langsamen Änderungen, aus dem Abgrund der Zeiten zu uns gekommen sind, von Volk zu Volk, immer von einem Lehrervolk zu einem Schülervolk, durch Lehnübersetzung. Es ist ein berühmter Ausnahmefall, aber nur ein Ausnahmefall, wenn die lateinische Sprache just tausend Jahre lang die Rolle einer Universalsprache für die Kirche und die abendländischen Wissenschaften spielte. Eine scheintote Zeit von tausend Jahren. Eingeleitet vom europäischen Siege des Christentums, das eine Lehnübersetzung aus dem Hebräischen und Griechischen war; ausklingend in die Renaissance, die eine Lehnübersetzung aus dem Griechischen und Arabischen war. Man halte fest: Übersetzung aus der Lehrersprache in die Schülersprache, Übersetzung unbekannter Begriffe ist an sich unmöglich, ist an sich Lehnübersetzung. Durch Lehnübersetzung kamen die Vorstellungen aller Denkgebiete von Volk zu Volk, Erscheinungen und anthropomorphe Vorstellungsgruppen, Beobachtungen von Nützlichkeiten und Schädlichkeiten, von Zusammenhängen und Naturgesetzen. Durch Lehnübersetzung kamen von einem Volke zum andern die Namen von Krankheiten und von heilenden Zaubersprüchen oder Pflanzen, die Namen von Göttern und die Worte von wirksamen Gebeten, die Klassifikation von Verbrechen und die Klassifikation von Gesetzen und Strafen, die

Anschauungen von Natur und Geistesleben und die Termini von Natur- und Geisteswissenschaften.

Auch wenn ich nicht jedes Mal auf die Beteiligung der Lehnübersetzung hingewiesen hätte, würde es bei diesem Überblick offenbar, wie der Übergang der Kulturen von einem Volke zum andern nicht ohne obligate Mitwirkung der Sprache möglich war. Und das weite Gesichtsfeld wird uns jetzt von selbst erkennen lassen, wie ungeheuer groß in dem intersozialen Leben der Menschen der Einfluss des Fremdworts gewesen sein muss, um wie viel größer noch der Einfluss der Lehnübersetzung. Alles wurde entlehnt, gestohlen, mit Haut und Haar verschlungen. Alle Wissenschaften und Techniken durch Lehnübersetzung. Aber auch sonst die gesamte Weltanschauung, wie sie in der Lehrersprache sich aufgesammelt hatte: Wortbegriffe und Formsilbenbegriffe, Redensarten und geflügelte Worte, Formeln und sogar Abbreviaturen, Sprichwörter und Fabeln, aber auch die ausgedehnten Fabeln epischer und dramatischer Kunstwerke, alles, alles wanderte durch Lehnübersetzung von Volk zu Volk.

Unter einer solchen Betrachtungsweise hatte ich einst den Plan gefasst zu einem großen begriffsgeschichtlichen Wörterbuch, das international hätte sein müssen, das den Gang der wissenschaftlichen Ausdrücke aus dem Orient, aus Griechenland, über Rom, aus Arabien über Spanien zu den andern abendländischen Völkern verzeichnet hätte, rein sprachgeschichtlich und sprachkritisch, das ohne Absicht die Einheit der Seelensituation bei den Kulturvölkern erklärt und vielleicht gefördert hätte. Erst nach einigen Arbeitsjahren erfuhr ich, dass die Aufgabe sehr weit über die Kraft eines einzelnen Menschen geht. Wieder einige Jahre später erfuhr ich, dass unseren Akademien die neue Ausgabe eines alten Autors, die doch immerhin von einem wohlhabenden Verleger bei einem einzelnen Philologen bestellt werden könnte, wichtiger und fassbarer sei, als die Unterstützung eines grundlegenden Werkes, dass kein Einzelner bewältigen kann. Ich habe mich bescheiden gelernt. Ich hoffe noch, in ein paar Dutzend Stichproben vorlegen zu können, wie ich mir die Artikel eines solchen internationalen Lexikons denke; und am Ostersonntag will es mir scheinen, als wäre die Art und Weise einer solchen Sprachbetrachtung dem persönlichen Denken nützlicher, als die unpersönliche Gesellschaftsarbeit geworden wäre. So will ich mich auch hier bescheiden und mit Hinweglassung vieler und interessanter Umstände wenigstens an zwei Beispielen zeigen, wie bastardierter Bedeutungswandel und Bastardübersetzung imstande waren, ideenträchtige Begriffe durch die Jahrtausende, über Aufgang und Niedergang der Völker hinweg, bis zu uns zu schleppen.

Wir haben das lateinische Fremdwort *Element* zu fast gleicher Verwendung in unsern Kultursprachen. Wir schwören beim Element, wir nennen das Wasser (ein Hauptelement) das Element der Fische, wir nennen die Anfangsgründe einer Wissenschaft, d. h. nicht so sehr ihre Gründe und ihre Prinzipien als ihre Anfänge, die Elemente dieser Wissenschaft, wir zählen vor allem in der Physik eine brutale Ziffer von Elementen auf, unter welchem Worte man, d. h. unsere gegenwärtige Sprache, die nicht weiter analysierbaren Urbestandteile aller Stoffe versteht. Und nur selten wird ein Physiker darauf achten, dass die Urbestandteile der Stoffe ganz logisch mit dem gleichen Worte bezeichnet werden, das für die Anfangsgründe der Wissenschaften gebraucht wird. Diels hat vor Jahren in einer meisterlichen kleinen Monografie die Geschichte des Wortes elementum gegeben, als einen Musterartikel für den großen lateinischen Thesaurus. Ich entnehme ihm einige Kleinigkeiten, die ich hier brauche.

Im Griechischen gab es bekanntlich vier Elemente, was ganz nach griechischem Geschmack war: falsch, aber sauber. Diese Elemente werden metaphorisch στοιχεια genannt; στοιχεια, von στοῖχος, »was der Reihe nach aufgestellt ist«: Soldaten oder Buchstaben. Besonders Buchstaben. Und weil Buchstaben nicht nur der Reihe nach stehen, sondern auch die Urbestandteile der Worte sind, so ist es eine ganz gute Metapher, die Urbestandteile aller Körper στοιχεια zu nennen. Dabei wird natürlich das Bild von der Reihe, nach dem die Buchstaben στοιχεια hießen, aus dem Bewusstsein schwinden; für den griechischen Naturphilosophen ist die Lautgruppe στοιχεια mit der falschen saubern Vorstellung der Urbestandteile assoziiert.

Einige Hundert Jahre später stehn die Römer vor der Aufgabe, mit der ganzen griechischen Weltanschauung auch den Begriff Urbestandteil in ihre Sprache hinüberzunehmen. Das Wort »Urbestandteil« gab es damals noch nicht und hätte den Römern ebenso wenig gefallen wie uns. Στοιχεια fügte sich nicht recht in den lateinischen Rhetorenstil. Auch war man in der Öffentlichkeit schon stark puristisch, während man in Privatbriefen oder für die künstliche Briefform griechische Worte mit griechischen Buchstaben sehr gern hatte. Aber die Lehnübersetzung ins Lateinische war ja schon gelungen, dem gewaltigen Importeur Lucretius. Cicero brauchte des Lucretius' Elementa nur anzunehmen und sie wurden klassisch – bis zum heutigen Tag.

Nun ist elementum im Lateinischen ganz sicher ein Lehnwort. Nach Diels aus elepantum von ἐλεφας weil wohl den Kindern auch elfenbeinerne Buchstaben zum spielerischen Unterricht in die Hand gegeben wurden. Wobei zu beachten, dass das griechische ἐλεφας wohl gewiss Lehnwort aus irgendeiner Barbarensprache ist.

Der Fall liegt so: In der lateinischen Sprache findet sich für die Buchstaben des Alphabets das Wort elementum, ein griechisches Lehnwort, dessen Urbestandteil ἐλεφας wieder Lehnwort aus einer unbekannten Sprache ist. Im Griechischen gibt es nun die gründlich falsche Vorstellung von den vier Elementen, die metaphorisch als Buchstaben bezeichnet wurden. Um dieses Bild puristisch in ihre Sprache zu übersetzen, greifen die Römer zu der Lehnübersetzung elementa und wissen nicht, dass sie ein Lehnwort gebraucht haben. Das lateinische Wort elementum nun widersteht dem Sturm der Jahrhunderte. Die Alchemisten des Mittelalters rütteln an der alten Einteilung, die Chemie kommt auf, von der antiken Vorstellung bleibt nichts als eine Redensart übrig, die von den vier Elementen »Feuer, Wasser, Luft und Erde«, die Chemie stellt eine Reihe von ungefähr achtzig unvergleichlichen Urstoffen auf, endlich wird auch die Unvergleichlichkeit überwunden, die Urstoffe werden in periodische Reihen gebracht, und aufgrund der Periodizität wird wirklich ein neuer Urstoff vorausgesagt und entdeckt. Nichts bleibt bestehen in diesen Revolutionen der physikalischen Wissenschaft als eins: die Lautgruppe Element. Alle Versuche, eine Lehnübersetzung aus dem Lateinischen heraus herzustellen, sind gescheitert. Schüler der Kabbala haben von den Elementen als von den Müttern oder Gebärmüttern gesprochen. Goethe hat das Wort im zweiten Faust geflügelt gemacht. Umsonst, die lateinische Lehnübersetzung des griechischen (oder indischen) Begriffs ist geblieben.

In den letzten Jahren haben die am Radium beobachteten Erscheinungen dem Begriffe Element abermals einen Stoß gegeben. Wenn wirklich die sog. Emanation radioaktiver Substanzen ein Gas ist (was man sicherlich nicht ohne Änderung des sehr veränderlichen Gasbegriffs behaupten kann), wenn dieses Gas sich wirklich nach wenigen Tagen in ein neues Element verwandelt, das sog. Helium, wenn es wirklich eine ganze Reihe von Metabolen des Radiums gibt, Umwandlungsprodukte, die als ebenso viele neue Elemente angesprochen werden, dann steht unserer Physik eine ebenso radikale Revolution bevor, wie die war, welche unsere circa achtzig Elemente anstelle von Feuer, Wasser, Luft und Erde setzte. Aber es scheint, dass die alte lateinische Lehnübersetzung auch diesen Vorstellungswandel überdauern will. Es wäre denn, unsere Physiker wollten sich entschließen, von der Sprachkritik etwas zu lernen: dass der Begriff Urstoff nicht geschaffen werden sollte von Menschen, die nicht einmal den Begriff Stoff verstehen, dass bei der Entdeckung der radioaktiven Erscheinungen ein neuer Stoff, ein neues Element gar nicht nachgewiesen worden ist, dass wieder einmal vielleicht (wie bei der Gravitation, der Trägheit, der Kraft) nur substantivisch ausgedrückt worden ist, was adjektivisch war für die Zufallssinne des Forschers, ein Verbum für seinen Forschungszweck.

»*Element*« bietet ein einfaches Beispiel einer lateinischen Lehnübersetzung aus dem Griechischen, die dann international geworden ist; viel komplizierter ist die Wortgeschichte, die an die deutsche Lehnübersetzung »*Gegenstand*« zu knüpfen wäre.

* * *

Gegenstand ist offenbar keine ganz glückliche Lehnübersetzung des alten philosophischen Ausdrucks Objekt. Heute, nach einem Leben von mehr als 150 Jahren, hat das Wort für ganz feine Ohren noch störende Nebentöne, in der Kunstsprache wie in der Gemeinsprache. Ich will das durch zwei extreme Beispiele zu beweisen suchen. In der philosophischen Sprache sind wir, worauf schon das Deutsche Wörterbuch hinweist, neuerdings wieder geneigt, uns »Gegenstand« durch den Begriff »Objekt« zu »verdeutlichen« oder doch wohl auch Objekt zu sagen. In der poetischen Sprache ist trotz Goethe und Schiller der Gebrauch des Wortes nicht recht nach der Natur der deutschen Sprache. Mein Ohr wird durch Gegenstand vorkantisch angemutet, wie denn auch Gottsched sich des Wortes leidenschaftlich annahm. In den berüchtigten Versen von Friederike Kempner:

> »Rechts am Ende, links am Ende
> Lauter Frühlingsgegenstände«

ist das Wort Gegenstand von besonderer Komik.

Diese leise Fremdheit des Wortes kann nach so langem Gebrauche kaum mehr aus dem Sprachgefühl stammen, das einst (noch bei Adelung) die Etymologie heraushörte und sich dagegen sträubte, jedes Ding der Wirklichkeitswelt einen Stand zu nennen. Uns ist das Wort völlig geläufig worden. Freilich, wie ich deutlich zu hören glaube, nur in zwei Bedeutungen: einmal in der Schulsprache für das Objekt der Aufmerksamkeit (Gegenstand eines Vortrages), zweitens für das Objekt im weitesten Sinne, das Ding, die Sache, aber eigentlich doch nur die Sache mit Ausschluss der natürlichen Dinge. Ein Veilchen nennen wir nie »Gegenstand«.

Die Geschichte des Wortes hebt an mit dem technischen Gebrauche des griechischen Wortes ὑποκειμενον. Das hieß nun seltsamerweise früher geradesoviel wie jetzt unser Gegenstand: der vorliegende Gegenstand, der Gegenstand einer Untersuchung, argumentum. Aristoteles verwendet es denn häufig in der Bedeutung von dem, was zugrunde liegt.

Die lateinische Lehnübersetzung des griechischen Wortes lautete im Mittelalter subjectum. Im Mittelalter. Die alten Lateiner verstanden unter subjectum, abgesehen von der ursprünglichen Bedeutung des Adj. subjectus (wovon das französische sujet; untertan, wieder, wie »unterworfen«, eine Lehnübersetzung), nur den grammatischen Begriff. Augustinus bezeugt überdies ausdrücklich, dass zu seiner Zeit die lateinischen Lehnübersetzungen aus dem Griechischen hie und da weniger gebräuchlich waren, als die griechischen Worte selbst. Über die lateinischen Lehnübersetzungen herrschte Streit, über die griechischen Originalworte nicht; genauso wie wir uns heute »gegenständlich« durch »objektiv« zu »verdeutlichen« glauben.

Im Griechischen selbst waren die Worte οὐσια und ὑποκειμενον begrifflich sehr nahe gerückt. Das erste wurde schulgerecht mit essentia übersetzt, das zweite bald ebenso schulgerecht mit subjectum, bald (von wem zuerst?) mit substantia. Augustinus fühlte da einen Unterschied heraus und wollte Gott aus feinen Gründen seines Sprachgeistes nur eine Essenz genannt wissen, nicht eine Substanz. Das Christentum des Augustinus war ein Lehngut, das er durch glückliche Lehnübersetzungen einführte.

Man sieht also, dass der mittelalterliche, scholastische Sprachgebrauch ziemlich genau das subjektiv nannte, was wir jetzt objektiv nennen. Wie so oft, wie besonders bei Aristoteles, wurde auch hier offenbar Metaphysik von Grammatik beeinflusst. Subjektiv war, was zum Subjekte gehörte; Subjekt bezeichnete bald das, wovon etwas prädiziert wurde, also sehr oft einen konkreten Gegenstand, bald das Wesentliche des Gegenstandes, die οὐσια, das ὑποκειμενον. Objektiv war dagegen, nach der damaligen Psychologie und dem lateinischen Wortlaut, was an den Vorstellungen von ihrem Vorsteher verursacht war, was wir also heute subjektiv nennen. Erst an der Wende des siebzehnten und achtzehnten Jahrhunderts vollzieht sich der Umtausch der beiden Begriffe langsam, und zwar just in Deutschland. Objektiv und real werden fast gleichbedeutend. Und in der Sprache Kants ist das scholastische subjectum bereits so völlig verloren gegangen, dass er es an der Stelle nicht verwendet, wo es einzig an seiner Stelle gewesen wäre. Die Welt ist objektiv geworden. Doch unter dieser objektiven Welt der Gegenstände liegt noch etwas, eben das ὑποκειμενον, das subjectum. Und das nennt Kant das Ding-an-sich, den Gegenstand an sich. Hätte Kant die alten scholastischen Ausdrücke beibehalten können, sein Ding-an-sich das Subjekt-an-sich nennen können, dem großen Manne wäre der tiefste Fehler seines Systems erspart geblieben, dass nämlich erst von der menschlichen Vernunft verursacht werde, was alle Vorstellungen des Menschen verursacht: die Ausdehnung des Kausalitätsbegriffs auf das Ding-an-sich. Oder vielmehr: Kant wäre dann in die geistreiche Abstrusität seines Schülers Fichte verfallen.

Aus der Vertauschung der beiden Begriffe subjektiv und objektiv kam aber auch die Schwierigkeit, ein gutes deutsches Wort für die Sache zu erfinden. Die ältern Lehnübersetzungen hatten ja subjectum vor sich, die neuern Objekt. Objekt wird buchstäblich mit Gegenwurf oder Widerwurf (Eckart), Subjekt mit Underwurf wiedergegeben. Daneben findet sich bei Eckart schon »stehende« oder »selbstehende Wesen« für Substanzen. Von diesen Lehnübersetzungsversuchen hat sich ein Einziger, halb veraltet, bis in unsere Tage gerettet. »Vorwurf«. Wir verstehen noch, wenn wir bei Lessing oder Schiller »Vorwurf« im Sinne von Gegenstand einer Abhandlung, einer Schilderung lesen. »Gegenwurf« aber, in der Sprache der Mystiker und Theologen durch Jahrhunderte ein ganz geläufiges Wort, ist der heutigen Gemeinsprache völlig unverständlich geworden. So unverständlich, dass man es leicht missverstehen kann, wo man es bei ältern Schriftstellern (noch bei Hagedorn) findet. Wirklich veraltete das Wort gerade um die Zeit, da die Vertauschung der Begriffe subjektiv und objektiv in Deutschland erfolgte. Man nahm es allmählich, wieder ein Fall von gelehrter Volksetymologie, als Übersetzung von objection (anstatt von objet), von ἀντικειμενον anstatt von ὑποκειμενον, und weil da die Worte Einwurf oder Widerspruch schon zur Verfügung standen, so musste das Wort Gegenwurf sterben.

In die Übergangszeit fällt der Bedeutungswandel des Wortes Gegenstand, nicht die Neuschöpfung des Wortes. In dem Sinne nämlich von Widerstand oder Gegensatz wird es seit dem sechzehnten Jahrhunderte gebraucht. So noch von Haller, der den »Gegenstand von Gründlichkeit und Tugend« am Ende seines Lebens in einen »Gegensatz« umänderte. Auch im Sinne der astronomischen Opposition wurde sehr gut Gegenstand gesagt. Doch wäre auch dieses Wort, ebenso wie Gegenschein und Widerschein, gestorben, wenn es nicht dadurch, dass Christian Wolf es in seiner Schulsprache für Objekt gebrauchte, eine Auferstehung gehabt hätte.

Ich kann es nicht aus Quellen belegen, aber Gegenstand muss einmal die mechanische Lehnübersetzung von obstantia gewesen sein. Obstantia muss einmal der geläufigere Schulausdruck gewesen sein, in dem ungefähr die Bedeutungen von substantia, von Subjekt und Objekt zusammenflossen. In dem Sinne, wie obstantia durch Gegenstand wiedergegeben wurde, würden wir heute verständlicher Gegenwirkung sagen. So wurde Gegenstand ein technischer Ausdruck der Erkenntnistheorie, ging durch populäre Schriften in die Gemeinsprache über und wurde da zu einem überflüssigen und immer noch falsch tönenden Synonym von Ding oder Sache. Verzeichnet wird die Lehnübersetzung »Gegenstand« zuerst von Stieler (1691), gebildet war das Wort wahrscheinlich in der Fruchtbringenden Gesellschaft worden; aber noch Thomasius will es nur zögernd zulassen.

In der deutschen Gemeinsprache sind die Worte Ding und Sache weit lebendiger und fruchtbarer geworden als »Gegenstand«. Redensarten wie »ein liebes Ding« (für Mädchen), »Dinger« (mit verändertem Plural) für Kleinigkeiten oder »mach keine Sachen« haben sich aus Gegenstand nicht entwickelt. Dennoch darf man annehmen, dass sowohl Ding als Sache ihre gegenwärtige Bedeutung durch bewusste oder unbewusste Lehnübersetzung erworben haben. Das mittellateinische causa (cause und chose) liegt zugrunde. Bei Ding muss dieser Gebrauch schon in sehr alte Zeit zurückgehen; Grimm nimmt die juristische Bedeutung litigium für die ursprüngliche. Bei Sache liegt die alte Bedeutung Rechtshandel (lis) noch klarer zutage, auch wenn man die bedenkliche Etymologie ganz beiseiteläßt. Im Zusammenhange eines begriffsgeschichtlichen Wörterbuchs dürfte ich hier noch auf die merkwürdigen Beziehungen zwischen chose (cause) und Ding (Sache) eingehen. (Sogar die Gleichung Dingsda und chose ist Lehnübersetzung.) Merkwürdig, dass auch chose wie Gegenstand (nach Littré) nur tout ce qui est inanimé bezeichnet.

Springen wir in den gegenwärtigen Gebrauch dieser Begriffe hinein, so lässt sich die letzte Frage der Erkenntnistheorie wieder scheinbar scholastisch (tiefster Spekulation wird von Banausen gar oft der Vorwurf der Scholastik gemacht werden) auf die Form bringen: werden die Objekte von uns Subjekten erzeugt? (Eigentlich richtig nur in der Einzahl, von mir, dem einzigen Subjekt.) Oder werden wir Subjekte von den Objekten erzeugt? Sprachkritik allein durchschaut das Spiel dieser Antinomie. Sprachkritik allein fasst unsere Sinne als Zufallssinne und sieht die absolute Notwendigkeit, mit der uns die Objekte zu unseren Vorstellungen von ihnen zwingen, als eine historische Notwendigkeit, also wie alle Historie als einen Zufall. Verwechseln wir diese objektive Notwendigkeit mit objektiver Gesetzmäßigkeit, so verfallen wir dem naiven Realismus der Büchner und Haeckel. Ahnen wir die Unvorstellbarkeit der Objekte und halten wir dabei unsere armen fünf Sinne für die vortrefflichen Werkzeuge einer vortrefflichen Vernunft, so verfallen wir dem theologischen Realismus des skeptischen Idealisten Berkeley. Der sagt: »The ideas imprinted on the senses by the author of nature are called real things.« (Princ. 33.)

Der sprachlichen Ordnung, um nicht zu sagen Lösung der Antinomie sind am nächsten gekommen der Sprachforscher Steinthal und der bis zu Sprachkritik witzige Physiker Lichtenberg. Steinthal meint einmal: Ein Objekt begreifen, ein Ding anschauen sei der Bedeutung nach eine ähnliche Wortverbindung wie einen Brief schreiben, ein Haus bauen. Ich würde »eine Grube graben, einen Bau bauen, ein Spiel spielen« für noch bessere Beispiele halten. Man vergleiche, was ich (Krit. d. Sprache III, 59 f.) über die Unwirklichkeit der Verben der Arbeit gelehrt habe. Da haben wir ja wieder das intentionale Objekt der Scholastiker, die Absicht, welche erst die unzähligen Differentiale einer Handlung integriert, je nach der Richtung der Aufmerksamkeit zu einem Objekt (Substantiv) oder zu einer Tätigkeit des Subjekts

(Verbum). Die ewig tautologische Sprache ist willig, solche Sätze zu bilden: »Ich grabe eine Grube«, »Ich sehe eine Farbe«, und in diesen Abgrund hat Lichtenberg schon hineingeleuchtet mit einigen seiner blitzartigen Bemerkungen. »Was ist außen? Was sind Gegenstände praeter nos? Was will die Präposition praeter sagen? Es ist eine bloß menschliche Erfindung ... Äußere Gegenstände zu erkennen ist ein Widerspruch; es ist dem Menschen unmöglich, aus sich herauszugehen ... Man sollte sagen praeter nos, aber dem praeter substituieren wir die Präposition extra, die etwas ganz anderes ist ... Ist es nicht sonderbar, dass der Mensch absolut etwas zweimal haben will, wo er an einem genug hätte und notwendig genug haben muss, weil es von unseren Vorstellungen zu den Ursachen keine Brücke gibt.«

Weiter braucht auch der Sprachkritiker nicht zu gehen. Die Sprache ist es, die die Welt in den Beobachter und in dessen Gegenstand zerfällt: in Dinge an und für sich und in Dinge an und für mich. Die Welt aber ist nicht zweimal da. Die Welt ist nur einmal da. Ich bin nichts, wenn ich nicht mein Gegenstand *bin.* Aber ich *habe* keinen Gegenstand. Der Gegenstand ist nichts, wenn er nicht in mir ist. Der Gegenstand ist nicht außer mir. Der »Gegenstand«, scheinbar das handgreiflichste auf der Welt, ist mit Recht die Lehnübersetzung eines schwierigen philosophischen Begriffs, Gegenstand ist unbegriffen, das Objekt ist subjektiv.

Mit sehr behaglichem Lächeln entdecke ich aber, dass der Sprachgebrauch der letzten 100 Jahre – ahnungslos freilich – die sprachkritische Resignation dieses Begriffs »Gegenstand« vorweggenommen hat. Für das Wesentliche, das dem forschenden Subjekt objektiv gegenübersteht, gegensteht, für das eigentliche ὑποκειμενον oder die οὐσια, die essentia, hat man so lange eine Antwort gesucht, bis man hilflos die Antwort in dem Worte »Frage« fand. Schiller würde heute wohl gewiss anstatt »der Menschheit große Gegenstände« sagen »der Menschheit große Fragen« (zweimal im Prolog des Wallenstein). Schlegel würde den Satz »wahrhaft groß sein, heißt, nicht ohne großen Gegenstand sich regen« (not to stir without great argument) heute etwa übersetzen müssen »nur dann sich regen, wenn eine große Frage ruft«. Und das D. W. kennt bereits diese Bedeutung von Frage. In Band IV I, I (noch von J. Grimm und Hildebrand bearbeitet) heißt es, unter Zitierung des berühmten That is the question, »Frage, das, worauf es ankommt, das *Wesentliche*« und ferner, bei den Zusammensetzungen wie Lebensfrage usw. »von *Gegenständen,* welche die allgemeine Aufmerksamkeit beschäftigen.« Am Ende des mühsamen Weges finden wir, wie so oft, anstatt einer Antwort nur eine Frage. Hier gar anstatt einer Definition von »Gegenstand« das *Wort* »Frage«.

* * *

Ich könnte nun einige Hundert, ja mithilfe der Kompositionen (wofür Schottelius Doppelungen sagte) einige Tausend unserer gebräuchlichsten deutschen Worte als Lehnübersetzungen nachweisen. Ich will die Liste für eine andere Gelegenheit aufsparen und lieber die Macht, fast die Allmacht der Lehnübersetzung dadurch ersichtlich machen, dass ich die Zufallsworte alltäglicher Sätze daraufhin prüfe, ob ihre Worte ohne Einfluss einer fremden Kultur geworden sein können oder ob sie allesamt Lehnübersetzungen sind. Ich könnte die Probe sofort am vorausgegangenen Satze anstellen. Aber der Satz ist mir nicht dumm genug, nicht Alltagsgeschwätz genug, zu gebildet. Ich will tiefer hinabsteigen.

»Heute ist Freitag, der 18. Januar des Jahres 1907.« Also nicht wahr: das werden meine bessern Leser jetzt von selbst dazwischenrufen, dass selbstverständlich alle Kalenderworte Lehnworte oder Lehnübersetzungen sein müssen, weil doch nicht nur der julianische oder gregorianische Kalender an einer bestimmten Stelle erfunden und dann importiert wurde, nein, weil auch die urältesten Kalendervorstellungen wie Tag, Monat, Jahreszeiten und Jahr einmal zuerst erfunden werden mussten. »Januar« (Jänner) ist also ein Lehnwort. »Jahr« bedeutete wahrscheinlich einmal den Lenz, und es ist nichts darüber auszumachen, ob es schon in dieser Bedeutung ein Lehnwort gewesen ist. Trat das germanische Wort Jahr, das Lenz bedeutet hatte, irgendeinmal für den astronomischen Begriff annus (Ring, Kreislauf), der in langsamer Metapher zu einem Zeitbegriff geworden war, puristisch ein, so lag ein bastardierter Bedeutungswandel vor. Dass Freitag eine Lehnübersetzung des lateinischen Tagesnamens ist, damit halte ich mich gar nicht erst auf. Eigentlich auch nicht gern damit, dass die beiden Zahlworte in meinem Satze ganz gewiss aus Lehnworten und Lehnübersetzungen zusammengesetzt sind. Die Ähnlichkeit der ersten Ziffernnamen in so vielen »unverwandten« Sprachen kann gar nicht anders als aus Entlehnung erklärt werden. Lehnübersetzung scheint mir auch die Bildung der Ordinalzahlen aus den Kardinalzahlen. »18.« ist also Lehnwort und Lehnübersetzung zugleich. In der Ziffer »1907« stecken nun aber auch die Worte »hundert« und »tausend«. Ob nun »hundert« etymologisch ein Lehnwort ist oder nicht, ob es ein Kompositum ist (Hundertzahl), wie anzunehmen, jedenfalls erfolgte ein bastardierter Bedeutungswandel, als es den uralten Sinn von Großhundert, vom duodezimalen Hundert (120) einbüßte und für das Hundert unseres Dezimalsystems eintrat. Ganz ähnlich musste »tausend«, das ursprünglich wohl ein Kompositum war und Vielhundert ausdrückte, seinen Sinn Großtausend aufgeben und sich durch bastardierten Bedeutungswandel auf die Zahl 1000 unseres Dezimalsystems einschränken. (Auch die neue Bildung Million, ein italienisches Vergrößerungswort von mille, musste erst bastardiert in das Dezimalsystem eingefügt werden.) So bliebe von dem Satze, der nur ein Datum war, das Wörtchen »heute« übrig. »Heute« ist aber doch wohl gewiss eine Lehnübersetzung von hodie, hoc die, hiu tagu.

Ich würde fast glauben, die überzeugende Kraft des Beispiels abzuschwächen, wenn ich in endloser Reihe wie im Datum so in der Anrede und in der Unterschrift eines Briefs, in den Formeln unserer Grüße, unserer politischen, unserer religiösen und unserer Verkehrssitten, in den kleinen Kenntnissen unserer Schulkinder, in den Aufschriften unserer Kaufladen und unserer Eisenbahnen, wenn ich in all dem abgegriffenen Sprachgut die Lehnübersetzung einzeln nachweisen wollte, deren Macht auf den höheren Gebieten von Kunst und Wissenschaft (»höher«, »Gebiet«, »Kunst«, »Wissenschaft«, lauter Lehnübersetzungen) mir schon zugegeben sein wird. Ich möchte, um gar keinen Zweifel zu lassen, nur noch zwei Sätze hinschreiben, die so gut deutsch und so gut banal sind, dass niemand vorher an den Einfluss internationalen Denkens gedacht haben würde, und die dennoch bis in ihre kleinsten Bestandteile Spuren der allmächtigen Lehnübersetzung tragen.

»Unter sämtlichen Lebewesen besitzt ausschließlich das menschliche Geschlecht eine höhere Sittlichkeit.«

»unter«; ursprünglich gewiss nur lokal; die Bedeutung von zwischen, lat. inter, ist Lehnübersetzung, wenn nicht gar durch Volksetymologie umgewandeltes Lehnwort.

»sämtlich«; ursprünglich Adverb; adjektivische Verwendung erst spät, neben »all«, wahrscheinlich um für cuncti neben omnes ein Wort zu haben.

»Lebewesen« (schon im Gargantua), offenbar eine Lehnübersetzung nach animalia, als dies sich mit dem Begriff »Tiere« nicht mehr recht deckte.

»besitzen«. Mag man auch behaupten, dass besitzen in unfigürlichem Sinn (eine Bank, ein Pferd besitzen) unabhängig vom lat. possidere gebildet sein mag, so ist doch gewiss die juristische und weitere Bedeutung bis herab zum fast bedeutungslosen »haben« Entlehnung oder Anlehnung an possidere. Selbst J. Grimm, dessen Liebe zur Muttersprache noch durch die Lehre von der Lehnübersetzung verletzt worden wäre, sagt mit zögernder Gewissenhaftigkeit: »Es ist schwer zu sagen, ob die juristische Bedeutung des Wortes ›besitzen‹ in unserer Sprache sich ganz von selbst ergeben hätte, oder durch den lateinischen Stil der Urkunden und der Kirche gefördert wurde.« Grimm führt auf der folgenden Spalte noch an »sich besitzen« im Sinne von sich beherrschen, »wie franz. se posséder und wohl diesem nachgeahmt.«

»ausschließlich«, nachweisbar aus exclusive.

»Menschlich«; auch wenn die ahd. Form nicht eine Bastardübersetzung aus humanus gewesen wäre, bliebe in der Anwendung genus humanum hörbar ein bastardierter Bedeutungswandel.

»Geschlecht«; ob das Wort schon bei seiner Entstehung (es ist jünger als künne und sippe) eine Lehnübersetzung nach genus war, darüber wird sich kaum etwas ausmachen lassen; es folgt aber später so vielfach den verschiedenen Bedeutungen von genus, dass an bastardiertem Bedeutungswandel nicht zu zweifeln ist.

»höhere«; selbstverständlich ein gut deutsches Wort; aber man vergleiche die vielen Bedeutungen in Raum, Zeit und Grad mit dem lat. superior (superbus tönt mitunter mit) und man wird nicht zweifeln, dass die Anwendung des Komparativs »höher« auf den moralischen Wert eine Lehnübersetzung ist.

»Sittlichkeit«; erst im achtzehnten Jahrhundert war die Gleichsetzung von sittlich und moralisch, also die Bastardierung von sittlich durch moralis durchgeführt, »vielleicht durch lat. moralis beeinflusst«, sagt, wie schon erwähnt, das D.W.; Sittlichkeit nach moralitas ist nur ein weiterer Schritt der Lehnübersetzung.

Und noch einen kleinen Satz: »Die Gegend meiner Vaterstadt macht wirklich einen malerischen Eindruck.«

»Gegend«; nachweisbar als Lehnübersetzung von contrée oder contrata gebildet.

»Vaterstadt«; ohne jeden Zweifel unter dem Einfluss von patria durch Lehnübersetzung.

»wirklich« = effective.

»malerisch« = pittoresco.

»Eindruck«, früher Eindrückung, Bastardübersetzung nach impressio; »Eindruck machen« wieder nur eine Weiterführung der Lehnübersetzung.

* *
*

Wir haben gelernt, dass die Sprache eines Volkes sein Sensorium ist, wie das Gehirn das Sensorium eines Individuums. Wir haben eingesehen, dass ein künstliches Sensorium zwischen den Völkern, eine künstliche Weltsprache nicht möglich ist; wir haben aber, meine ich, nun doch erfahren, dass die gemeinsame Seelensituation der Kulturvölker durch die gemeinsame Weltanschauung der Kultursprachen (die sich in einem ungeheuern Netze von Lehnwörtern und Lehnübersetzungen äußert) doch auch ein soziales Band zwischen den Völkern herstellt. So haben wir viel gewonnen für die Beziehung von Sprache und Sozialpsychologie; wenn wir aber jetzt zur Volksprache zurückkehren, so glauben wir plötzlich, etwas Kostbares verloren zu haben: die Eigenheit, die Einzigkeit, die Unvergleichlichkeit unserer lieben Muttersprache. Auf die Abstammung von einem gemeinsamen Stammvater, auf Bluteinheit und Blutreinheit als Quelle unserer stärksten sozialen Triebe (Patriotismus von pater) haben wir verzichten müssen. Ein Volk ist nur noch, was eine gemeinsame Sprache spricht.

Mit dem Staate hat ja unsere Untersuchung nichts zu schaffen. Der Staat mag verschiedene Sprachvölker vereinigen, mag Sprachvölker auseinanderreißen. Er ist ein künstliches Gebilde, wenn er nicht genau mit den Grenzen eines Volkes zusammenfällt. Auch dann ein künstliches Gebilde, wenn er ein so erfreuliches Gebilde ist wie die Schweiz. Was im Volke ein gemeinsames Sensorium hat, das ist sozial. Die Räson des Staates ist nicht sozial. Wenn der Staat vor hundert Jahren die Dummheit begangen hat, einen Teil eines fremden Volksstammes zu unterwerfen (es war eine Dummheit vom Staate, auch wenn es ein Machtzuwachs für die Dynastie war), so wird diese Dummheit hundert Jahre später zur Räson, zur Räson des Staates. Nur in diesem Sinne hat Hegel recht mit seinem berühmten Satze, der sonst entweder die Wirklichkeit oder die Vernunft schänden würde: Was wirklich ist, das ist vernünftig. Der Staat ist sittenlos, weil er keine Sprache hat. Der Staat ist nur wirklich, nur vernünftig. Es gibt auch kein Wort »Staatsliebe«. Patriotismus oder Vaterlandsliebe ist die Liebe zum eigenen Volke, ist die Liebe zur eigenen Muttersprache.

Nun aber haben wir erfahren, dass die Muttersprache eines Volkes, die Gemeinsprache, nicht so entstanden ist, wie der einfache Landmann sich das vorstellt: »Die Italiener sagen cavallo, wir aber sagen Pferd, und es ist auch ein Pferd«. Auch nicht so entstanden, wie die Poeten der Sprachwissenschaft es hundert Jahre lang geträumt haben, durch wurzelreine Abstammung von einer Ahnensprache. Dass die Weltanschauung, welche in der Volksprache niedergelegt ist, zusammengerafft und zusammengeborgt worden ist von allen Erdenvölkern, die im Laufe der Jahrtausende an dem gearbeitet haben, was jede Gegenwart für den Gipfel der Kultur hielt, was auch unsere Gegenwart Kultur nennt. Etwas Kostbares ist verloren gegangen: Der Glaube an die Eigenheit, an die Persönlichkeit, an das Ich der Muttersprache. Die Frage stellt sich von selbst: wie kann der Einzelne noch Gut und Blut hingeben aus Vaterlandsliebe, die nur Liebe zur Muttersprache ist, wenn nur der Körper dieser Sprache Eigenbesitz des Volkes ist, nur der Laut, wenn die ungeheure Summe der Vorstellungen von Kunst und Wissenschaft, von Sitte und Recht zusammengeholt ist aus dem herrenlos gewordenen Eigenbesitz fremder, barbarischer, tyrannischer, gehasster oder verachteter Völker?

Ich sehe da eine Antinomie, der ich umso weniger eine Lösung weiß, als ich in mir selbst besonders stark das Bewusstsein finde von der Zufallsgeschichte meiner Sprache und zugleich besonders stark die Liebe zu dieser Muttersprache.

Eine Lösung, eine Antwort weiß ich nicht. Vielleicht aber eine Mahnung, die den nicht erschrecken wird, der sich freikämpfen möchte nicht nur von den einzelnen Worten seiner Sprache, sondern von der Sprache selbst. Es ist nicht Ängstlichkeit, wenn ich mich vorher auf Lessings unpatriotisch »weltbürgerliches« Wort berufe, dass ihm »Liebe des Vaterlandes aufs Höchste eine heroische

Schwachheit scheine, die er recht gern entbehre«. (An Gleim, 14.2.1759)

Ich habe in meiner »Kritik der Sprache« (I. 2. Aufl. S. 661 f.) nachzuweisen gesucht, dass auch das individuelle Ich eine Illusion ist, dass das Ichgefühl eine Täuschung ist. Ich füge übrigens jetzt hinzu, dass diese Vorstellung nicht so ganz neu war, wie ich glaubte. Die Lehre des Buddha kannte sie schon. In der Milindapanha wird an dem einfachen Beispiel eines Wagens gezeigt, dass das Wesen, das Selbst, das Ich nichts Bleibendes sei. Doch mit einem ungleich schöneren Gleichnis wird in demselben Buche das Ichgefühl für eine Täuschung erklärt. »Ist, o Großkönig Milinda, die Flamme in der ersten Nachtwache dieselbe wie in der zweiten?« Ich finde das Gleichnis von der Lampe herrlich. Der Mensch lebt wie die Lampe brennt. Ist aber die Flamme der ersten Nachtwache dieselbe wie die der zweiten?

Nun, die Einsicht, dass das Ichgefühl eine Illusion sei, wird dem Egoismus des Individuums nicht in den Weg treten. Nicht dem hässlichen und nicht dem gesunden Egoismus. Selbst die noch gewagtere Vorstellung, die ich an jener Stelle ausspreche, dass nämlich vielleicht die Blutkörperchen die eigentlichen Individuen sind, dass mein Körper dann vielleicht nur so etwas ist wie ein organisierter Bienenstock für den Blutkörperschwarm, – selbst diese Vorstellung wird mich, wenn ich nicht wahnsinnig bin, nicht denken lassen: da mein Ich nicht wirklich ist, da nur die Blutkörperchen wirklich sind, so werde ich nicht weiter der Narr der Blutkörperchen sein; ich höre zu essen auf. Nein. Die Illusion des Ego ist, seitdem es Organismen auf Erden gibt, stark genug gewesen, den individuellen Egoismus jedes Organismus zu nähren. Und wenn meine Lehre (durch Lehnübersetzung) zum allgemeinen Glauben würde, so würde dennoch der Egoismus auf der Welt nicht geringer werden, weder der kranke, noch der gesunde Egoismus. Denn das Handeln des Menschen wird nicht von seiner Einsicht bestimmt, sondern nur von handlungsnützlichem Wissen.

Ebenso wenig braucht die Einsicht, dass die Einzigkeit, Persönlichkeit und Unvergleichlichkeit der Muttersprache eine Illusion ist, die Liebe für diese Muttersprache, die Vaterlands- oder Volksliebe, irgendwie zu schädigen. Sind denn alle die Grundsätze, Schlagworte, Ideale und Götter, die als letzte Triebfedern unser Handeln bestimmen, etwas anderes als Worte? Sind nicht alle diese Worte Illusionen? Hat das

Handeln des handelnden Menschen irgendeinen Schaden gelitten durch die Erkenntnis, dass der menschliche Wille nicht frei ist? Ich höre ein heiliges Lachen: »Die Willensfreiheit ist eine Illusion. Die Illusion ist geblieben. Was hat sich denn da geändert?« Was zerstört wird, das sind immer nur Definitionen, Dogmen, Systeme; Illusionen werden eigentlich nie zerstört.

Und eins hat der Glaube an die Eigenheit der Volksprache vor dem Glauben an das individuelle Ich voraus: Das soziale Band der Muttersprache, die Gemeinsamkeit der Seelensituation, bleibt auch dann noch bestehen, wenn die Schönheit und Eigenheit verloren gegangen scheint, wenn die Gemeinsamkeit als zusammengerafft und zusammengeborgt nachgewiesen worden ist. Wie auch die Räuberbande der guten alten Zeit das Gefühl, das moralische Gefühl, ihrer engen Zusammengehörigkeit besaß und Gut und Blut dafür hergab.

Aus dieser Überlegenheit des illusionären Volksegoismus gegenüber dem illusionären Einzelegoismus erklärt sich auch die Macht der Vaterlandsliebe und die Schönheit ihres Eindrucks. Die ältere Illusion der gemeinsamen Abstammung mag dabei nachwirken. Das Blutkörperchen opfert sich für den Organismus, die Biene für ihren Stock, der Volksgenosse für sein Volk. Wie nach dem lieblosen Schopenhauer das Individuum sich für die künftige Generation opfert in der andern Illusion, die Liebe oder Geschlechtstrieb heißt.

Dem noch liebloseren Stirner war es Vorbehalten, in seiner visionären, weil konsequenten Lehre von der Einzigkeit des Einzelegoismus nicht nur das Recht, sondern sogar die Existenz sozialer Gefühle zu leugnen.

Die Macht der Sprache über die Sitte, über die gemeinsten Gewohnheiten menschlichen Handelns hat vorher niemand so zornig erkannt wie Max Stirner in seinem feuerbrünstigen Feuerwerk »Der Einzige und sein Eigentum«. Stirner sagt (Ausgabe von Reclam S. 405): »Die Sprache und das Wort tyrannisiert Uns am ärgsten, weil sie ein ganzes Heer von *fixen Ideen* gegen Uns aufführt.« Die folgenden Seiten mag dort nachlesen, wer Stirners sprach-kritische Ideen kennenlernen will.

Für Stirner sind alle Abstraktionen, Wahrheiten, Ideale, eigentlich alle großen Worte hassenswerte Gespenster. Dem Einzigen ist wahr, was sein Eigen ist; unwahr das, dem er eigen ist. Er nennt sich einen Unmenschen, weil er nicht *der* Mensch, der abstrakte Mensch sein will. Was für andere heilig ist, ist für Stirner eine Fessel. Die Familie, das Völkchen im Volk, eine unheilige Fessel. Das Volk selbst, auch das Volk des Sozialismus, ist nur *der* Mensch, wie Stirner einer nicht sein will. Er kann nicht anders, er muss hassen, was dieses Volkes ist. Auch die Sprache. Das furchtbare Wort, mit dem Stirner niedriger gezielt hat, gilt auch, gilt erst recht für die Sprache: »Verdaue die Hostie, und du bist sie los.« Verdaue die Sprache, und du bist sie los; verdaue den Logos, verschlucke das Wort.

Mit einer wahren Monomanie des Genies hat der Einzige sein Ich gegenüber den Gespenstern, den Idolen des Denkens behauptet und vergottet. Stirner verdient reichlich den Ruhm, der ihm so spät geworden ist. Fünfzig Jahre nach dem Erscheinen des dämonischen Werkes hat sein Antichristentum unter dem Namen Friedrich Nietzsches fortzuwirken begonnen. Seine Kritik des Liberalismus und des Sozialismus ist heute noch lebendig. Aber Dogmatiker war er wie alle Monomanen. Der Einwurf, dass das Ich eine Illusion sei, hätte ihm seinen Bau arg gestört. Denn ganz so hat er sein wildlachendes Schlusswort doch nicht verstanden: »Stell Ich auf Mich, den Einzigen, meine Sache, dann steht sie auf dem vergänglichen, dem sterblichen Schöpfer seiner (selbst), der sich selbst verzehrt, und Ich darf sagen: Ich hab mein' Sach' auf Nichts gestellt.« Wäre das Ich keine Illusion, dann wäre der lachende Solipsismus Stirners als kritischer, ironischer Ausgangspunkt unüberwindlich. Aber Stirner hat nicht gesehen, was doch vielleicht ein Wundt nicht leugnet: dass das Volk nicht weniger real ist als das Individuum, dass etwas Soziales existiert, wirklich, vielleicht wirklicher als das Ich des Einzigen.

Und weil ich hoffe, nicht die Stärke eines Monomanen zu besitzen, weil ich mich mit der Schwäche eines Skeptikers begnüge, darum empöre ich mich nicht gegen die »sittliche« Macht der Sprache. Ich lehre die Befreiung der Menschen von der Sprache als einem untauglichen Erkenntniswerkzeuge; aber ich wüsste nicht, wie man sich befreien könnte von der Macht der Sprache über die Sitte, die Gewohnheit, das Handeln, das Leben. Denn auch Sittenlosigkeit ist nur neue Sitte, neues Handeln, Tyrannei einer neuen Sprache.

* * *

Die Neigung aller Sozialwissenschaften, lieber sozial als wissenschaftlich, lieber praktisch als theoretisch zu werden, ist im Begriffe des

Sozialen schon enthalten. Was einem Volke gemeinsam ist, was zwischen den Menschen eines Volkes erst existieren kann, das muss ganz anders als die Angelegenheiten des Individuums allgemeine Aufmerksamkeit erregen, allgemeines Interesse, gemeinsame Arbeit. Bei der Wissenschaft vom Volkskörper ist das längst anerkannt. Doch auch die Wissenschaft vom Volksgeiste, die Sozialpsychologie, will mitarbeiten an der Volksbildung, d. h. an der Gestaltung des Volkes, an der Volksgeschichte.

Nun aber hat es immer und überall eine Sozialpsychologie gegeben, wirklich bevor Lazarus und Steinthal ihre Zeitschrift für Völkerpsychologie gründeten, Jahrtausende vorher. Seitdem es überhaupt eine Volksprache gab. Immer und überall war in der Volksprache die Sozialpsychologie des Volkes mitenthalten. Sprache ist unbewusste, ungeschriebene Volkspsychologie. Die unlösbare Antinomie kehrt wieder: Alle Lebenserscheinungen des Volkes, die man unter dem weitesten Namen der Sitte zusammenfasst, haben die Volksprache geschaffen, haben jede Änderung der Volksprache schaffen helfen; und dann war es wieder, immer und überall, die Macht der Sprache, ihre Tyrannei, die als oberste Instanz über die Sitte entschied. Wir wissen oder lehren, dass die Weltanschauung oder die Vernunft eines Volkes identisch ist mit seiner Sprache: der gleiche Gegenstand von einem andern Menschenstandpunkt angesehen; Menschenvernunft kann nicht wertvoller sein als Menschensprache; Volksvernunft oder Volksprache nicht mehr als die Resultierende aus den Individualsprachen. Die Menschensprache hat sich aber unter anderem das Wort Vernunft geschaffen, hat von dieser Vernunft eine wortabergläubische Vorstellung; und weil das Volk seine Sitte unbewusst übt, weil es die Verehrung seiner Vernunft auf die vernünftige Sprache überträgt, darum appelliert es gern von der Sitte auf einen Teil oder auf ein Produkt der Sitte: die Sprache.

Sprichwörtlich wird der Sprachgebrauch ein Tyrann genannt. Der Sprachgebrauch ist kein absoluter Tyrann für die Sprache; sie könnte sonst nicht im ewigen Wandel begriffen sein. Sprachgebrauch ist für die Sprache nicht tyrannischer als andere Gewohnheiten und Moden. Aber die Volksitte im weitesten Sinne, Glaube und Kultus, Kunst und Wissenschaft, Verkehr und Recht, wird allerdings von der Sprache tyrannisch beherrscht. Denn es gibt keine stärkere und unbeugsamere Autorität als die Sprache. Ich will gar nicht erst soweit gehen, zu beweisen, dass auch alle andern Autoritäten sich auf Sprache gründen: die Autoritäten des Priesters, des Königs, des Gesetzes, insbesondere die Autorität des Vaterlandes. Nein, die Sprache an sich mit ihrem Wortschatz und in ihrer Grammatik stellt eben die Vernunft, die Logik, die Weltanschauung des Volkes dar, die absolute Vernunft, die absolute Logik, weil das Volk eine andere Vernunft, eine andere Logik als die seiner Sprache nicht kennt und nicht kennen kann. Was das Volk irgend kennt, das fügt sich ja der Sprache ein. Das Volk urteilt wie der Richter, der nichts weiß als seine Akten: was nicht in der Sprache ist, das ist nicht auf der Welt.

Diese Tyrannei der Sprache wäre unerträglich, wenn die Sprache ein individuelles Leben besäße, ein Einzelgehirn, eine Einzelvernunft. Aber die Sprache ist ja sozial. In der Sprache ist, wie ich (Kritik der Sprache I. S. 24 f.) gezeigt habe, die äußerste Utopie des Kommunismus Wirklichkeit geworden. Gemeinbesitz wie Licht und Luft ist die Volksprache. Wie Licht und Luft, fast (nur fast) allen Menschen ohne Entgelt zugänglich. Durch die Gemeinsprache ist endlich auch kommun, sozial geworden, was im Individuum durch die sensiblen Nerven eingeht und was durch die motorischen Nerven ausgeht, Erkenntnis und Handeln (Moral); und weil die ererbten Zufallssinne allen Menschen gemeinsam sind, wie die auf Erbfolge beruhende Natur um alle Menschen ähnlich ist, darum ist eine gemeinsame Seelensituation der Kulturvölker und über die hinaus möglich geworden.

Sozialistisch, kommunistisch ist die Sprache aber nur, sofern wir sie als ein Wertobjekt betrachten und den Besitzanteil jedes Volksgenossen an diesem Wertobjekt. Achten wir aber auf die Macht dieser selben Sprache, auf ihre Macht über die Volksitte, über Recht und Staat und Wissenschaft, dann scheint sich die sozialistische Sprache dabei zu bescheiden, nur etwas demokratisch zu sein. Demokratie bedeutet augenblicklich im politischen Kampfe eine notwendige Reaktion gegen den Egoismus bestimmter Kasten, die drolligerweise für Vertreter der Aristokratie, der Theokratie usw. gelten (»Plutokratie« ist scherzhaft und darum richtiger gebildet). Demokratie bedeutet also jetzt zufällig das Bestreben, das Wohl großer Volksmassen über das Wohl kleiner Volksgruppen zu stellen. Weil wir aber nicht in anarchischen Zuständen leben, weil die Entschlüsse als Beschlüsse die sprachliche Form von Urteilen annehmen müssen, weil zum Urteilen Kenntnisse gehören, weil menschliche Vernunft, so wenig Weisheit in ihr wohnt, doch stets nur bei wenigen Menschen gewesen ist, darum wäre für das Wohl der Volksmasse allerdings eine wahre Aristokratie, eine Herrschaft der Besten, nützlicher als die trostlose Demokratie, über deren sprachlichen Exponenten, die Stimme, die Stimme bei der Wahl und im Rat, ich noch zu sprechen haben werde. Die Sprache des Einzelnen ist dümmer als die Volksprache; aber die »Stimme« des Einzelnen ist noch viel dümmer als seine Sprache.

Wenn ich nun gesagt habe, dass die Tyrannei der Volksprache über die Volksitte sozial oder meinetwegen nur demokratisch ausgeübt wird, so habe ich offenbar Hochachtung vor dieser Tyrannei nicht aussprechen wollen. Es handelt sich auf allen sozialen Gebieten, die der Tyrannei der Sprache unterworfen sind, stets um den gleichen Gegensatz: den Gegensatz zwischen dem Alten und dem Neuen. Will man die Bedeutung dieses Widerspruches ganz ermessen, so denke man an die beiden großen Erscheinungen, bei denen hier das Alte, dort das Neue fast unumschränkt gebieten. Das Reich des Alten ist die Natur; in stummem Gehorsam gegen ewige Gesetze des Werdens erben sich durch die Jahrtausende die gleichen Formen fort; Donner und Blitz stürmen über die Erde wie in Urzeiten und die Mücke schwirrt wie in Urzeiten; auch wenn die Entwicklungslehre recht hätte, würden nur unendlich kleine Variationen, durch Not erzwungen, sich in langen Zeiten erst zu Abänderungen der alten Form summieren. Das Reich des Neuen ist die Kunst; was in Beethovens Fantasie sich gestaltete, als er die 8., als er die 9. Sinfonie schuf, das oder desgleichen war nie vorher auf Erden erklungen; kaum dass es gelehrter Forschung gelingt, Spinnenfädenbrücken zu schlagen zu den Neuerungen älterer Künstler. Menschensitte ist nicht Natur und nicht Kunst. Menschensitte, Volksitte wird erzeugt durch den demokratischen Willen. Und der demokratische Wille wird gelenkt durch Worte, durch alte und neue Worte, die einander befehden. Menschensitte und Weltgeschichte – die Geschichte der langsamen Änderungen aller Menschensitte nennen wir Weltgeschichte – steht unter der Tyrannei sprachlicher Herren, unter der Tyrannei alter und neuer Worte. Selten nur ballen sich hier die neuen, dort die alten Worte zu ungefähr geschlossenen Gruppen zusammen, sodass es einen großen Kampf gibt, der den Wünschen einer »strategischen« Ästhetik genügen könnte. Für gewöhnlich gibt es nur ein wirres Durcheinander. Wie im Wahlkampf, wie in einer Bezirksversammlung. Oder wie in den

Reklamen der Zeitungen, wo die Interessen verschiedener Automobilmarken, verschiedener Champagnermarken, verschiedener Glühlichtmarken gegeneinander streiten, und sich noch mehr verwirren, weil sie sich mit den Interessen konkurrierender Banken und konkurrierender Staatsfinanzen kreuzen. Die Wissenschaft des Volkskörpers darf einseitig behaupten, dass die Interessengruppen entscheiden. Aber nicht einmal so klug sind die Völker: die Entscheidung liegt in ewigen Übergangszeiten bei den alten und den neuen Worten.

Die verwirrende, demokratische Macht der Sprache über die Sitte steht so klar vor jedem offenen Auge, dass die Andacht der Volksgenossen vor ihrer Volksprache, die ihnen Vernunft, Logik und Weltanschauung ist, unverständlich wäre ohne einen Umstand, den ich jetzt zum Schlusse in seiner ganzen schlichten Groteske aufdecken möchte.

Die Volksprache als wirkende Macht ist demokratisch. Die abstrakte Volksprache als Objekt der Wissenschaft sowohl wie als Wertobjekt des Gefühls ist sozial. Das habe ich schon gesagt. Wenn ich nun weiter frage, so komme ich eben zu dem grotesken Ergebnis: Soziale Einrichtungen erscheinen uns wertvoll, nicht weil sie an andern Werten gemessen die Wohlfahrt verbürgen, sondern *weil* sie sozial sind. Das Wort »sozial« erscheint wertvoll. Anders ausgedrückt: Dem sozialen Ganzen des Volkes erscheint die Gemeinsamkeit der Vorstellungen erstrebenswerter als die Richtigkeit der Vorstellungen. Der Herdeninstinkt drängt so mechanisch zur Gemeinsamkeit, dass auch hier das Mittel mit dem Zwecke verwechselt wird, dass jeder Unsinn heilig gesprochen wird, wenn er nur gemeinsam ist. Es ist nicht so, dass gemeinsam wird, was alle für gut halten; sondern so: was zufällig gemeinsam geworden ist, das halten nachher alle für gut. Und für heilig dazu. Es ist kaum abzusehen, wie weit dieser Instinkt die armen Menschen schon geführt hat und noch führen mag. Selbst auf die wissenschaftliche Welt scheint mir dieses groteske Ergebnis noch ein schneidend helles Licht zu werfen; auch die Begriffe oder Zeichen des Wissens werden erst wertvoll, führen erst eine Strecke weiter, wenn sie den Fachgenossen gemeinsam sind; denn die Begriffe oder Zeichen werden erst als gemeinsame Symbole brauchbar; man arbeitet eine Weile zusammen, bis die Schiefheit oder Falschheit der Zeichen sich herausgestellt hat, dann folgt eine Zeit der Unordnung und man beeilt sich, sich auf neue, gemeinsame Symbole zu einigen. Wer den Schlangenbetrug der Sprache nicht durchschaut hat, wem Kritik der

Sprache nicht Lebensaufgabe ist, der mag sich allerdings dabei beruhigen, dass dieser menschliche Instinkt der Gemeinsamkeit ein sehr nützlicher und kulturfördernder Instinkt sei. Das dekadische System ist den Kulturvölkern gemeinsam und hat bei der Herstellung unserer elektrischen Straßenbahnen mitgeholfen; das Duodezimalsystem ist nach der Meinung moderner Mathematiker viel besser, aber nur in der Theorie; in der Praxis ist es schlechter, ist es ganz schlecht, weil es nicht gemeinsam ist, weil sich das Volk dessen Gemeinsamkeit nicht einmal vorstellen kann. Ja, ein Heerführer wird vielleicht sagen: Disziplin aufgrund eines veralteten Reglements ist mir lieber, als ein neues Reglement ohne Disziplin. Gemeinsamkeit ist dem Herdeninstinkt an sich wertvoll, ohne Prüfung, ohne Vergleichung. Und weil die alten Worte den unverglichenen Wert der Gemeinsamkeit vor den neuen Worten voraushaben, darum haben im Kampfe der Sitten die alten Worte so viel vor den neuen Worten voraus, und wären unbesiegbar, wenn nicht auch die jungen Fanatiker der neuen Worte den Instinkt der Gemeinsamkeit besäßen, wenn nicht auch die Neuerer den unbezähmbaren Drang hätten, ihre neuen Wörter zu gemeinsamen Worten zu machen, mit allen Mitteln der Überredung und Totschweigung, Belebung und Tötung. Schlagwort steht gegen Schlagwort, Totschlagwort gegen Totschlagwort, Guillotine gegen Scheiterhaufen.

Wenn ich so, nach Menschenkraft losgelöst von der gemeinsamen Luft und der gemeinsamen Sprache, atemlos und vorurteilslos, ganz von Weitem zu überschauen suche, was die Tyrannei der alten Worte und der neuen Worte an den Sitten der Kulturvölker zu bessern oder zu ändern sich gegenwärtig anschickt, so bin ich mit den Männern, die mir unter den Neuerern die liebsten sind, wieder nur in der Negation einverstanden, nicht in der Position. Mir fehlt wohl der Glaube an die Zuverlässigkeit menschlicher Vernunft, menschlicher Sprache. Und weil mir der Glaube an die Vorstellungen menschlicher Unvernunft erst recht fehlt, so werde ich wohl, dem das Gemeinsame fehlt, die Einsamkeit und Wirkungslosigkeit gewählt haben.

Über die gegenwärtige Tendenz neuer Worte in Bezug auf die Sitte darum nur wenige, flüchtige, ernste Worte.

Gar nichts habe ich zu sagen über den höchsten Begriff der Sitte, die dann Moral genannt wird. Moral (von mos, Gewohnheit, Brauch) oder Ethik (von ἦθος, Gewohnheit, Brauch) ist ein Fremdwort, das nicht Lehnwort werden kann. Moral ist die Sitte, die wir nicht haben; die nicht Gewohnheit oder Brauch geworden ist. Moral ist nur in Worten. Ausschließlich in Fremdwörtern und Lehnübersetzungen. Die neuen Moralworte, die nicht unmittelbar auf Änderung von Bräuchen und Gewohnheiten zielen, sind den Lufthauch nicht wert, der an sie verschwendet wird. Denn die alten Worte der Moral oder die alten Moralworte sind – durcheinandergewirrt mit alten Religionsworten – nur, was sie etwa sind, weil sie gemeinsam sind; die neuen Worte der Moral oder die neuen Moralworte sind überhaupt nicht, sind nicht Sprachworte, weil sie noch nicht gemeinsam sind, es stünde denn ein Weltverbesserer auf, dem es in unserer Zeit gelänge, Religionsstifter zu werden.

Wenig zu sagen habe ich über das Verhältnis der alten und der neuen Worte zu demjenigen Gebiete der Sitte, das Religion heißt. Es steht um unsere hochgeschätzten Religionen im Abendlande heute wieder so wie zur Zeit des sinkenden Römertums. Nur dass die Erforschung der zahllosen Entlehnungen und Lehnübersetzungen, welche die Religion der römischen Kaiserzeit ausgemacht haben, als ein Zweig historischer Forschung anerkannt und freundlich angesehen wird, während die Einsicht in die zahllosen Entlehnungen und Lehnübersetzungen des Christentums antireligiös und gotteslästerlich heißt. Es ist bekannt, wie fast alle kirchlichen Ausdrücke schon im Althochdeutschen und im Gotischen Fremdworte oder Lehnworte waren. In der weitern Entwicklung ist das immer nur schlimmer geworden. Die gegenwärtigen Worte der Religion oder gar der Theologie sind durchaus Fremdworte, Lehnworte oder Lehnübersetzungen. Alte Worte, gemeinsame Worte. Veraltete Worte, wo die Gemeinsamkeit sich gelockert hat. Neue religiöse Worte gibt es eigentlich nicht in unserer Zeit. Der Instinkt der Gemeinsamkeit scheint auf diesem Gebiete im Erlöschen begriffen. Die Sozialdemokraten glaubten diplomatisch schlau zu handeln, als sie aus Rücksicht auf die Frauen und auf religiös gestimmte Genossen den Satz aufstellten: »Religion ist Privatsache.« Der Satz ist aber der Religion gefährlicher als ein atheistisches Dogma. Wenn Religion Privatsache geworden ist, individuell, nicht mehr gemeinsam, dann hat Religion aufgehört.

Es gibt einen Begriff, der heißt Staatsreligion. Es gibt einen andern Begriff, der heißt Naturreligion. Halten wir uns aber an den Instinkt der Gemeinsamkeit, dem alle sozialen Einrichtungen (also auch Staat und Religion) ihr Dasein verdanken, so sehen wir an jenen beiden Begriffen eine fast unerlaubte Konfusion der Sprachbildung. Ein natürlicher Staat ist nur der Volkstaat; nur er ergibt sich natürlich aus dem Instinkt der Gemeinsamkeit. Ein Staat über das Volktum hinaus ist nicht natürlich, ist künstlich, ist historisch, zufällig geworden. Im Gegensatz dazu heißt Religion nur die Religion, die historisch, zufällig geworden ist; die Religion aber, die künstlich, »logisch«, mit weitem Bedeutungswandel alter Religionsworte, schriftlich, unlebendig, im Kopfe impotenter Religionsstifter entstanden ist, die heißt Naturreligion. In dieser Verwirrung der Begriffe haben sich dennoch der zufällig gewordene Staat und die zufällig gewordene Religion gegenseitig gefunden. Der Staat, der die eigentliche Sitte, den Volksbrauch und die Gewohnheit, der den Gruß auf der Straße und den schwarzen Rock im Salon nicht schützt, schützt im Abendlande den Teil der Sitte, welcher Religion heißt. Er übt den Zwang der Strafandrohung. Es versteht sich von selbst, dass er da nur die alten Worte schützt, nicht die neuen. Denn der Staat, weil er kein natürliches Gebilde ist, hat nur mit dem sog. Rechte zu schaffen. Das Recht im Staate ruht auf alten Worten; die neuen Worte sind Privatsache, sind Sache einzelner wissenschaftlicher Forscher. »Sache der Wissenschaft« nennt man das.

Soweit der Staat sich mit der natürlichen Einheit des Volktums deckt, kommt der Instinkt der Gemeinsamkeit zu seiner Geltung. Ich habe an anderer Stelle, weil es mit dem Staate nichts zu tun hat, von dieser Stimmung für das Soziale im Volkskörper und in der Volkseele gesprochen. Nichts Gewaltigeres als die Liebe des Volksgenossen zu seiner Volkseele, welche seine Muttersprache ist. Wie seinen Augapfel, »den Spiegel der Seele«, liebt man seine Muttersprache. Doch der Staat hat keine Seele. Aus Lehnworten und Lehnübersetzungen setzt sich die Weltanschauung des Staates zusammen. Aber so weit sind die Interessen dieser Weltanschauung, dass das Schwatzvergnügen der redenden Menschheit kaum irgendwo ein so ausgedehntes Feld der Betätigung findet, als in Gesprächen über Staatsangelegenheiten, über Politik. Wer ohne Einfluss über Politik redet, ist ein politischer Kannengießer. Politische Kannengießer gibt es selbst unter gefeierten Präsidenten politischer Vereine, unter Chefredakteuren politischer Zeitungen, unter Reichstagsabgeordneten. Auch unter Ministern.

Das politische Schwatzvergnügen ist gewiss so alt als die Existenz von Menschenstaaten auf der Erde. Aber niemals konnte das Aneinanderreihen alter und neuer Worte (in der Politik sind alte und neue Worte gleichwertig, gleich wertlos) so leicht mit Staatsweisheit und Staatsarbeit verwechselt werden, wie in der Gegenwart, die dem Staatsgenossen nicht nur die Redefreiheit, Schwatzvergnügen, sondern auch das Recht aller Rechte, das Wahlrecht, das Stimmrecht gegeben hat. Durch Ausübung des Stimmrechts, durch Abstimmung und Abzählung, kommt ja die Meinung der Majorität heraus; die Meinung der Majorität ist Gottes Stimme, und so werden dei gratia die Staaten gelenkt. Historiker behaupten, dass in alter Zeit vox populi vox dei die besten Männer zu Königen machte.

Das natürliche Recht eines Mehrheitsbeschlusses scheint mir aber nur da einen Sinn zu haben, wo in der Not der Stunde irgendein positiver Entschluss überhaupt gefasst werden *muss*, wo es gefährlich wäre, wenn gar nichts geschähe. Einen Sinn hat der Mehrheitsbeschluss also bei der Wahl eines für das Ganze notwendigen Beamten, bei der Wahl eines bestimmten Wortes oder einer bestimmten Wortfolge (z. B. bei der Formulierung der Gesetze) auch bei der Unterordnung einer Tatsache unter ein Gesetz (z. B. bei der Urteilsfällung). Nur dass es mir eine nebensächliche Frage scheint, eine Mode, ob ein Kollegium oder ein Einzelrichter das Urteil fällt, was sich auch auf die Wahl von Personen und von Gesetzesformeln anwenden lässt. Eine Konstruktion ist es, wenn aus der Verlegenheitsformel des Mehrheitsrechtes entweder inkonsequent ein Recht der Minoritäten oder allzu konsequent die Fiktion der sog. Einstimmigkeit, einer gottgewollten Unterwerfung der Minorität herausgeholt wird.

Niemals ist dabei gesehen worden, dass auch das Individuum nur eine Illusion ist, seine Einheit ebenso menschlich vorgestellt, wie die »Einstimmigkeit« des Majoritätsbeschlusses. Auch das Individuum will, wählt, urteilt doch gewiss nach der Majorität der in ihm aufgehäuften ererbten und erworbenen Gedächtnisse seiner Ahnen und seiner Erfahrungen. Dass wir das nicht wissen, liegt an derselben Erscheinung, die Unterwerfung unter Majoritätsbeschlüsse notwendig gemacht hat: in unzähligen Fällen *muss* irgendetwas geschehen, eine Wahl getroffen werden, damit das Leben des Individuums oder des sozialen Ganzen erhalten bleibe; das was geschieht, einerlei was, durch Majoritätsbeschluss im Individuum oder in der Gruppe, das ist das einzig Wirkliche, ist positiv; das Schwanken, das Minoritätsvotum ist nicht, wird nicht, bleibt also in der Negation. Buridans Esel müsste wirklich verhungern.

Da ist es nun lehrreich, dass bei allen abendländischen Völkern das Wort für die menschliche »Stimme« (voix, voice) zur Einheit für die Abzählung genommen worden ist. Stimme steht an Wert tief unter Sprache. Coriolans politische Verachtung der »Stimme« muss zu philosophischer Verachtung der Sprache werden. Der Fall ist sehr komplex. Die Entscheidung der Einzelstimme erfolgt aufgrund erworbener und ererbter Gedächtnisse, der Weltanschauung, der Sprache. Sprache aber, ebenso wie Sitte, Religion usw. ist ein Produkt des sozialen Ganzen, also ein Produkt der Majoritäten, denen sich in der Sprache die Minoritäten nur leichter fügen.

Der Kampf zwischen Majoritäten und Minoritäten hat, wenn dieser Wortkampf religiöse Dinge betraf, zu den blutigsten Kriegen geführt. Aber auch der Wortkampf zwischen Majorität und Minorität, der nur Fragen der Volksitte betraf, konnte gelegentlich einen gefährlichen Hass verursachen; und nicht viel anders steht es um den Wortkampf zwischen Majorität und Minorität, der die Worte betrifft. Viel von der Antipathie z. B., die der Bayer gegen den Preußen hegt, ist Hass gegen die norddeutsche Mundart. Trotzdem in Deutschland ja die oberdeutsche Mundart zur Gemeinsprache geworden ist. Aber längst nicht mehr die oberdeutsche Sprechweise. In jeder Schriftsprache ist eine Majorisierung versteckt. Schon in Urzeiten war die sog. Analogiebildung Wirkung von Majoritäten. Majoritäten ohne Abstimmung erzeugen die Schriftsprachen. Und weil diese Sprachmajoritäten irgendwie immer mit wirtschaftlichen, politischen oder religiösen Majoritäten zusammenhängen, darum auch auf dem scheinbar gemütlichen Gebiete der Sprache der Hass der majorisierten Minderheit gegen die Mehrheit. Und die gesteigerte Liebe zur Mundart der engeren Gemeinsamkeit.

Um das sog. Recht steht es ähnlich wie um den Staat, von welchem das Recht sich ableitet. Robinson auf seiner Insel brauchte, weil er keiner Sozietät angehörte, keine soziale Einrichtung. Nicht nur, dass er sich in Kleidung und beim Essen der Volksitte seiner Kinderjahre entschlug, er brauchte die sozialen Einrichtungen alle nicht, brauchte kein Geld und brauchte keine Sprache. Als er aber einen Sklaven besaß und sich als Herr fühlte, jetzt auch völlig als Herr der Insel, da mag ihm schon die Vorstellung vom Staate und vom Recht aufgedämmert sein. Aber auch diesem einzigen Staatsrechtler und Moralphilosophen

Robinson wäre es schwergefallen, scharf und sicher zwischen Recht und Sitte zu unterscheiden. Nicht schwerer als unsern vereinigten Theoretikern. Es ist ja richtig, dass Sitte und Anstand gewöhnlich Gebote aufstellen (was sie mit der Moral gemein haben: »Du sollst links von deinem Vorgesetzten gehn! Du sollst deinen Nächsten lieben!«), dass das Recht sich gewöhnlich mit Verboten begnügt. (»Du sollst deine Notdurft nicht öffentlich verrichten! Nicht töten!«) Aber durchgreifend und eigentlich philosophisch scheint mir dieser Unterschied nicht zu sein. Die sittlichen Vorschriften über den Gebrauch der Gabel beim Fischessen lassen sich so oder so ausdrücken: »Mit der Gabel« oder »nicht mit dem Messer«. Ganz im Ernste: Wenn das Hutabnehmen auf der Straße zu einer erzwingbaren Pflicht wird, der Anspruch auf den üblichen Gruß ein erzwingbares Recht (Versagen der Grußhöflichkeit könnte leicht als Beleidigung bestraft werden), so wird einer der gleichgültigsten Volksbräuche ins Rechtsgebiet hinübergeschoben. Und wenn gar die Lüge, die doch nur gegen eine Sitte verstößt, die wir nicht haben, gegen die Moral, – wenn die Lüge als falsche Aussage, als Meineid von Amts wegen verfolgt und überaus hart bestraft wird, so wird eine Moralfrage zu einer Rechtsfrage gemacht.

Es weiß wirklich niemand die Begriffe Sitte und Recht voneinander abzugrenzen. Vielleicht liegt das daran, dass die Begriffe Volk und Staat niemals ganz reinlich zu scheiden sind, wie sich denn auch alle Staatsaufseher mit Recht gegen meine Behauptung auflehnen werden, dass Vaterlandsliebe auf den Staat keine Anwendung finde. Hätten wir irgendwo ein reines Volktum als Grundlage eines Staates, dazu eine völlig gemeinsame Volksitte in diesem Volktum, dann brauchte dieser Staat kein zwingendes Recht; der Instinkt der Gemeinsamkeit wäre Zwang genug. Nur weil der Staat mit dem Volktum nicht zusammentrifft, darum braucht er ein Recht, das sich zu seinem Schaden mit der Volksitte nicht deckt.

Gar nicht davon zu reden, dass die verschiedenen Kreise im Volke nach ihrer Weltanschauung und Bildung, also nach ihrer Sprache, so weit auseinander liegen, als ob die jüngste Schicht und die älteste durch tausend und mehr Jahre getrennt wären. Dass z. B. die intimste Angelegenheit zweier Menschen, die Absicht ihrer ehelichen Verbindung, von Verwandten und Freunden mit Trinken, Lärmen und Lachen gefeiert wird, das scheint weit über den angegebenen Zeitraum hinaus irgendeinem wilden Stamme des vorhistorischen Afrika anzugehören; und dennoch finden sich in dem geltenden Eherechte unserer Staaten Wortbestimmungen, durch die der Staat sich zu solcher Sitte bekennt. Dass zum andern Beispiel die Todesstrafe nicht nur existiert (ich stehe dieser Frage gar nicht sentimental gegenüber), sondern in manchen Staaten verhängt wird und so praktiziert, als ob sie zu den Volksitten gehörte, dass ein würdiger Volksgenosse sich zur Vollstreckung dieser Strafe anbieten, anschicken und ankleiden darf, ohne nachher von einem ebenso würdigen Teile der Volksgenossen totgeprügelt zu werden, das ist nur daraus zu erklären, dass die Volksbelustigung der öffentlichen Hinrichtung zu den Einrichtungen mancher Rechtsstaaten gerechnet wird.

Diese Trennung des Volkes in weitentlegene Kreise, die natürlich auch in Bezug auf Moral, Religion und Politik zu beobachten gewesen wäre, hat nun aber auf dem Gebiete des Rechts wieder die Folge gehabt, die in diesem Zusammenhange besonders deutlich wird. Wir haben schon gesehen, dass die alten Worte die Macht der Mehrheit haben, dass die neuen Worte das Schicksal der Minderheiten teilen. Der Kampf der alten und der neuen Worte zeigt sich namenlos heftig, wenn wir aus dem großen Rechtsgebiete besonders das öffentliche Recht, aus dem großen Gebiete des öffentlichen Rechts besonders das Strafrecht betrachten. Wer nur fleißig Zeitungen ließt, der weiß, wie wir's auch da so herrlich weit gebracht. Auf der ganzen Linie dringen die neuen Worte siegreich vor, und ich sehe schon im Geiste die Sonne des neuen Tages aufgehen, an dem zwar alles beim Alten bleiben wird, an dem aber durch einen revolutionären Beschluss die bisherigen Gefängnisse und Zuchthäuser den Namen Sanatorien und Irrenhäuser bekommen werden. Vielleicht werden die Richter auch den Titel Medizinalrat erhalten.

So kühn sind die neuen Worte der jungen Stürmer und Dränger, dass zwar nicht die Strafe selbst ihre Schrecken verloren hat, wohl aber der Begriff der Strafe verblasst ist, als ob in ihm der alte Begriff der Rache nicht weiterlebte. Nur dass in der Praxis des Strafrechts die alten Worte unerschüttert geblieben sind. Aus uralten Zeiten der Friedlosigkeit sind die Worte Mörder und Räuber geblieben, und unser Strafrecht differenziert schlecht; aus der Zeit, da das Geld eingeführt wurde, ist das Wort Dieb geblieben. Niemand im Volke wundert sich darüber, wenn Mörder und Räuber gehängt oder geköpft werden, niemand wunderte sich vor hundert Jahren in England darüber, wenn auch Diebe hingerichtet wurden. Wenn aber der Verbrecher der neuesten Zeit, der Erpresser, der immer ein Räuber, oft genug auch ein Mörder ist, viel glimpflicher davonkommt, so liegt das doch offenbar nur daran, dass das Verbrechen »Erpressung« zwar schon als Terminus dem neueren Strafrecht angehört, aber noch nicht völlig in die Volksprache eingegangen ist. Ein anderes Vergehen des neuesten Verkehrs, die Hochstapelei, ist in ihrer Besonderheit gar nicht zu fassen, weil sie nicht einmal dem Strafrecht als Terminus angehört. Ich glaube, es sind das gute Beispiele für die Macht der Worte über die Rechtssitte.

* * *

Die Trennung eines Volkes in Kreise, die nach Weltanschauung oder Sprache durch viele Jahrhunderte getrennt scheinen, ist nicht gleichgültig für den Instinkt der Gemeinsamkeit unter den Volksgenossen. Und der Riss, der klingend durch unsere Zeit geht, lässt sich vielleicht am besten deuten durch wieder eine andere Antinomie, auf die wir jetzt bei der Betrachtung der Macht kommen, welche die Sprache über die Volksitte ausübt. Es ist kein Wunder, dass die ältesten Worte bei den kulturell (nach Religion, Moral und Erbe) ältesten Schichten des Volkes sind; die zurückgebliebenen Schichten sind also die Hüter der geheiligten Worte, in denen die Gemeinsamkeit des Volkes sich seit Menschengedenken aussprach. Die jüngste Schicht, die der intelligenten Proletarier, hat die jüngsten Worte, überall, in Religion, Moral, Sitte und Recht; diese jüngsten Worte, die neuen Worte des Tages, scheinen vom Instinkte der Gemeinsamkeit verlassen zu sein; sie wären ja sonst keine neuen Worte. Der Instinkt der Gemeinsamkeit darf nicht neuern, er wäre sonst kein Instinkt.

Aber zu diesen neuen Worten gehört auch die Forderung des Sozialismus, des Sozialismus im engeren Sinne. Und dieser Forderung wird man doch einen Sinn für Gemeinsamkeit nicht absprechen wollen.

Die Sozialität, d. h. der Gemeinsamkeitstrieb ist dem Menschen angeboren. Der Sozialismus ist doch wohl konsequente Sozialität. Und wenn das neue Wort Sozialismus in schroffen Gegensatz getreten ist gegen die Worte der alten Gemeinsamkeit, so liegt das nur daran, dass der Instinkt der Gemeinsamkeit im Sozialismus seiner selbst bewusst geworden ist und damit freilich aufgehört hat, Instinkt zu sein.

Bei diesem Bewusstwerden des sozialen Instinktes scheint mir natürlich das Wichtigste: die Einsicht in die Macht der Sprache über alles Soziale, der Versuch einer Befreiung von der Sprache. Und damit ich dem Schicksal aller Sozialpsychologen nicht entgehe, will auch ich wenigstens mit einigen armen Worten ins Praktische zu übersetzen suchen, was ich erkannt habe. Wer dicke Bücher schreibt, ohne dass es zu seinem Gewerbe gehörte, wird ja irgendwo heimlich die Schellenkappe des Weltverbesserers tragen. Ich also möchte zeigen, wie auch die Ungleichheit der menschlichen Lose von der Tyrannei der Sprache herkommt und durch Befreiung von dieser Tyrannei gemildert werden könnte. Nur ganz flüchtig möchte ich das andeuten.

Es ist klar, dass nicht die abstrakte Abschaffung der Abstraktion Ungleichheit erstrebenswert ist, sondern nur das Aufhören der sehr konkreten Leiden, die von der Ungleichheit erzeugt werden. Diese Leiden heften sich natürlich an die drei Motive menschlichen Handelns und Fühlens: Hunger, Liebe und Eitelkeit. Sehr viel wäre gewonnen, wenn nur der Neid der intelligenten erblosen Massen gegen die lachenden Erben gemildert werden könnte. Dass dieser Neid, bei welchem unbefriedigter Hunger und unbefriedigter Liebestrieb nicht entscheidend sind, stark von der Eitelkeit gefärbt wird, darf uns nicht irremachen. Wir wollen auch die Eitelkeit, die so stark ist wie der Hunger und die Liebe und der Tod, nicht bemoralisieren. Denn auch die Eitelkeit ist wirklich, wirklicher als die Moral.

Und nun möchte ich eben zeigen, dass die Sprache, wie sie das erste soziale Band war, wie sie der reichste soziale Besitz ist, auch die Hauptschuld trägt an den Qualen des sozialen Leidens.

Der Arbeiter in den westeuropäischen Ländern, der bessere Arbeiter, ist ein Proletarier oft nur durch die Vergleichung, durch das Bewusstsein der Ungleichheit. Bleiben seine Forderungen im Lohnkampf und im Kampf um eine kürzere Arbeitszeit noch durch 30 Jahre siegreich, so wird am Ende nicht mehr von Unerträglichkeit seiner Lebensführung die Rede sein. Wohnung und Ernährung heben sich trotz allem Lügen des Parteigezänkes. Überall sind die Regierungen, wie Bismarck zugegeben hat, durch die Macht des geeinigten Proletariats gezwungen worden, die dringendsten sozialen Forderungen zu unterstützen. Unverändert geblieben ist nur der ganz natürliche, berechtigte und eigentlich herrliche Neid der proletarischen Eltern gegen die geldbesitzenden Eltern. Die gesamte Stimmung der gesättigten und leidlich behausten Arbeiter gegen die sog. höheren Stände, die oft nicht besser genährt, oft für die Eitelkeit nur besser behaust sind, der Hass des Proletariers gegen Kapitalisten und die Händler, Beamte usw., die dazugerechnet werden, kommt von dem menschlichsten Neidgefühle: das Proletarierkind kann es bei guten Gaben fast niemals dazu bringen, in die Klasse der Kapitalisten und ihrer Händler und Beamten aufzusteigen.

Der Staat hätte ein höchstes Interesse daran, in zweifacher Weise, dass dieser Neid aufhörte. Die Quelle der idealsten Unzufriedenheit wäre verstopft und dazu dem Staate überall gedient, wenn die begabtesten Proletarierkinder Beamte und Offiziere würden, Ingenieure und Fabrikanten, Professoren und Minister, anstatt dass jetzt unter den Söhnen der bessern Stände allein die Wahl getroffen werden kann und – bei der allgemeinen Gebrechlichkeit oder Korruption der Welt – nicht nur junge Leute von mittlerer Begabung, sondern auch ausgesprochene Dummköpfe, Narren und Lumpen bis in die ersehnte höhere Lebensstellung durchgedrückt werden.

Der ganze Jugendunterricht ist – wohl kaum aus bösem Willen – für die Erhaltung dieses nichtswürdigen Zustandes eingerichtet. Mehr und mehr, besonders seitdem die Schule von den Jesuiten organisiert worden ist, werden Prüfungen zwischen die Begabung und die höhere Lebensstellung gestellt. Ganz nebenbei sei bemerkt, dass das in China ebenso ist, und dass die Prüfungen für die besten und tüchtigsten Charaktere gefährliche Klippen sind. Nützlich darum für das Uniformbedürfnis aller chinesischen Staaten. Was nun durch diese Prüfungen und Schuleinrichtungen mitgeteilt oder bezeugt werden soll, das sind nach einer Meinung, die im Abendlande und in China ganz allgemein geteilt wird, Kenntnisse. Ich aber behaupte: Die für ein Amt oder eine Stellung erforderlichen Kenntnisse, zu deren Erwerbung für den Sohn aus höheren Ständen 16 bis 18 Jahre angesetzt sind, ließen sich von begabten jungen Leuten – die anderen sollten gerade von unserer darwinistischen Zeit freudig ins Elend gestoßen werden – nach dem Besuch einer guten Volkschule in kürzester Zeit erwerben, in ein bis zwei Jahren. Was dann für ein weiteres Emporkommen in dem Amte oder der Stellung an genaueren Kenntnissen noch fehlt, das wird ja ohnehin auch nach unsern 16 bis 18 Vorbereitungsjahren erst im Amte, in der Stellung hinzugelernt.

Wenn mich nun jemand fragte, was denn in den 16 bis 18 Vorbereitungsjahren mit all ihrer notorischen Überbürdung anderes gelernt werde als nützliche Kenntnisse, dem würde ich allerdings nicht leicht ernsthaft antworten können. Was gelernt wird, ist wohl zu mehr als drei viertel, ist beinahe ausschließlich auf der einen Seite Schulkram, Kram für die Schule, wobei man nicht allein an Religionsunterricht und römische Geschichte denken mag. Scholae, non vitae discimus. Auf der andern Seite lernen wir in 16 bis 18 harten Schuljahren, von der ersten Stunde, wo dem armen Kinde mit dem Rohrstock seine Mundart ausgetrieben wird, bis zum Staatsexamen, wo nicht zuletzt auf gebildete Sprache und einen gebildeten Anzug Wert gelegt wird, eigentlich nur die Sprache der »höheren« Stände. Die Kenntnisse für leitende Stellungen könnte sich das begabte Proletarierkind leicht erwerben. Aber die Sprache der leitenden Stände scheint durch Gewohnheit und Nachahmung erblich geworden zu sein wie das Geld erblich ist. Die Sprache der leitenden Stände wird zu den guten Manieren gerechnet, wenn nicht gar die guten Manieren zur Sprache gerechnet werden.

Die Geldmacht, die in gebildeter Sprache ruht, ist ja offenbar. Man braucht dabei nicht an Gewandtheit in fremden Sprachen zu denken, die für viele Berufe mit Recht ein ökonomischer Vorteil ist. Es ist ganz in Ordnung, dass ein Franzose oder ein Engländer in Deutschland, ein Deutscher in Frankreich oder in England von denen bezahlt wird, die von ihm oder an ihm seine Sprache lernen wollen. Nicht in Ordnung aber ist es, dass unter allen möglichen Bewerbern einer höheren Lebensstellung im eigenen Lande der bevorzugt wird, der erstens einzig und allein die Schriftsprache dieses Landes spricht und beileibe nicht die Sprechsprache schreibt und der zweitens die Standessprache seines »höheren« Berufes beherrscht. Wird man es mir glauben, oder wird man mich nicht verstehen, wenn ich sage: Nicht nur zum Botschafter macht man am schnellsten den Mann, der am geläufigsten in der Botschaftersprache zu reden weiß; auch Richter oder Anwalt, auch Offizier, Professor, Arzt wird am sichersten der, der die Phraseologie des Standes geläufig im Maul hat, die Phraseologie, zu der ganz von selbst auch die Ideen oder die Weltanschauungen des Standes gehören. Und ein Gutteil dessen, was beim Examen unter den Begriff der Kenntnisse gehört.

Das wäre die größte soziale Revolution, die unblutigste und die glücklichste dazu, wenn eine Regierung die Einsicht und die Kraft besäße, alle höheren Lebensstellungen den begabtesten jungen Leuten, also nach der Wahrscheinlichkeitsrechnung die Mehrzahl der höheren Stellungen den Proletarierkindern zu öffnen. Das ist keine Utopie. Die deutsche Reformation, die große französische Revolution haben Proletarierkinder zu führenden Stellungen emporgehoben; und Mohammed begann seine Laufbahn als Kameltreiber; wir sind Sklaven unsrer Kultur, unsrer Bildungssprache, wenn wir in emporgekommenen Führern »Bauern« sehen, weil sie in einseitiger Bewährung ihrer Kraft nicht Zeit hatten, auch Nägel, Gang und Worte pflegen zu lernen.

Freilich müsste einer solchen Revolution eine Kleinigkeit vorausgehen: das Aufhören der Schulkorruption. Der Korruption, welche in der kleinsten Volksschule das dumme Söhnchen des reichen Bauers bevorzugt und auf dem Gymnasium den Söhnen von Beamten, Offizieren und Lehrern fast mit Sicherheit durchs Abiturientenexamen hilft. Was wäre das für eine schlechte Worfel, die die Spreu sammelte und die guten Körner verstreute. Was wäre das für eine schlechte Goldwäsche, die die unzähligen Sandkörner zu einem Berge häufen, aber die seltenen Goldteilchen alle verloren gehen ließe. Die allgemeine Schule ist ein Werkzeug der Auslese, ein Sieb. Die Korruption der Schule hat den Zweck der allgemeinen Schule verkehrt. Der Sand geht hindurch, das Gold bleibt zurück.

So herrlich weit haben wir es aber gebracht, dass die Korruption der Schule den lebens- und sterbenswerten Zweck der allgemeinen Volksschule unmöglich gemacht hat. »Korruption« ist ein unfreundliches Wort. In unserer tüchtigen Zeit der fabriksmäßigen Betriebe hätte ich dafür »Surrogat« sagen können. Ich meine oft, dass die Torheit der Menschenart sich nie und nirgends komischer geäußert hat, zum Weinen oder zum Lachen komisch, als darin, dass die Fabrikanten von Surrogaten bei der breiten Masse die besten Geschäfte machen. Die neuen Worte, die neuen Lehnübersetzungen sind oft nur erfunden, um Fälschungen zu decken. Ich denke nicht an die Betrüger, die aus Pappe Ledersohlen und aus Erdnüssen Olivenöl herstellen. Ich denke an die geschickten Männer, die den Namen und die Sache Malzkaffee erfinden und unzählige wortabergläubische Menschen durch den Namen dazu verführen, den künstlichen Ersatz für die Sache zu nehmen, die ihnen früher gut geschmeckt hat. Ich denke an die zahllosen Hausfrauen, welche zum Kuchen Safran nehmen, um Eier zu sparen, und dann wirklich glauben, die gelbe Farbe des Safrans ersetze das Eigelb. Ich denke an die Volkschule, die ein kostbares Werkzeug der Auslese sein könnte, und die – gegen den Willen der Lehrer – zu einem Surrogat geworden ist.

* * *

Nur eine ergänzende Betrachtung darüber hatte ich anstellen wollen, was eine Volksprache außerdem sei, dass sie für den Dichter das feinste Werkzeug der Kunst, für den Philosophen ein erbärmliches Werkzeug der Welterkenntnis ist, – darüber was die Volksprache zwischen den Menschen sei, zwischen den Volksgenossen. Die Betrachtung hat mich weiter geführt zu der Frage oder dem Gegenstände, ob darüber hinaus, ob zwischen den Völkern eine Weltsprache möglich sei und wie. Wir haben erfahren, dass der Traum von einer künstlichen Weltsprache ein sinnloser Traum ist, dass dagegen die gemeinsame Seelensituation zwischen den Kulturvölkern eine Wirklichkeit ist, vor der wieder die natürliche Schönheit, die schöne Eigenheit der Volksprache zum Traume wird.

Wir haben trotzdem die Liebe zur Muttersprache als die stärkste der Illusionen des Volktums zu retten gesucht, bewusst illusionär, und haben, bewusst nüchtern, einiges über das Verhältnis von Sprache und Sitte ausgemacht. Wir haben die Antinomie der Wechselbeziehungen durchschaut; Volksprache ist zum Teil ein Teil, zum Teil ein Erzeugnis der Volksitte, aber Volksitte samt Moral, Religion und Recht ist wiederum Teil und Erzeugnis der Volksprache.

So kehren wir mit mir (oder ich mit uns) zu dem Ausgang zurück, wo ich den Versuch gemacht habe, mich zu lösen von dem Fakultätstreit über das Verhältnis von Sprache und Sozialpsychologie, mich über diesen Fakultätstreit zu erheben. Bei dieser Überheblichkeit könnte ich mich am Ende gar auf Kant berufen, der in seiner Schrift, die just »der Streit der Fakultäten« heißt (in der Einleitung) nicht eben achtungsvoll davon spricht, dass der ganze Inbegriff der Gelehrsamkeit »gleichsam *fabrikenmäßig*« verteilt worden sei und der ganz achtungsvoll, Kant, von den »zunftfreien« Leuten redet, die »gleichsam im Naturzustande der Gelehrsamkeit leben und jeder für sich ohne öffentliche Vorschrift und Regel sich mit Erweiterung oder Verbreitung derselben als Liebhaber beschäftigen.«

Diese Worte geben mir einigen Mut, nun auch noch auf die Begriffe der Sprache und der Sozialität oder Gemeinsamkeit einen kleinen Satz anzuwenden, den ich zur Erweiterung der Sprachwissenschaft beigetragen oder doch bestimmter gefasst zu haben glaube. Den Satz: dass aller Bedeutungswandel also endlich alle Wortbildung auf Metaphern oder auf Metaphern von Metaphern beruhe. Ich hätte vorhin, als ich die Lehre von der ungeheuern Macht der Lehnübersetzungen vortrug, nicht vergessen sollen, dass in jeder Übersetzung umso sicherer überdies und besonders noch eine Metapher stecken muss, als »Metapher« gar nichts anderes ist als »Übersetzung«.

Nun kehre ich aber zum Anfang zurück und bemerke, dass ich es mir dort noch zu leicht gemacht habe, dass die Begriffe »Sprache« und »sozial« selbst wieder fließen und sich wandeln, während ich sie festhalten und formen will, dass Metaphorik und bastardierender Bedeutungswandel mit den streitenden Parteien ihr Spiel getrieben haben. Worte sind noch viel unzuverlässiger als Stoffe in der Retorte; Worte sind immer in statu nascendi.

In dem langjährigen Kampfe um den Begriff oder um das Recht seiner Disziplin, der Völkerpsychologie, hat Steinthal einmal (Zeitschr. XVII 259 f.) ein hübsches Beispiel gefunden, um gegen Paul zu zeigen, dass die Sprache eine soziale Schöpfung sei. Wie denn überhaupt die außerordentliche Begabung Steinthals mehr eristischer Art war (unhöflicher, aber ganz objektiv: talmudischer Art), einen Gedanken gewöhnlich als Gegensatz zum Satze eines andern fand. Steinthal protestiert gegen Pauls Behauptung, »jede sprachliche Schöpfung sei stets nur das Werk eines Individuums«. Gemeinsame Arbeit an der Sprache ist nach Steinthal ebenso wenig Abstraktion wie der Verkehr zwischen den Menschen eine Abstraktion ist oder der Tauschhandel. Oder wie die Mauer keine Abstraktion ist, an der fünf Arbeiter nach gemeinsamem Plane arbeiten. »Wenn zwei Arbeiter dreschen, so drischt einer und noch einer, und jeder macht das Seinige; oder wenn zwei Schmiede zusammen auf dasselbe Eisen hämmern, so hämmert jeder Geselle mit seiner isolierten Kraft und wirkt am Eisen, was er wirken kann.« Die Einheit des Plans ist immer vorhanden. Entweder sind die verschiedenen Arbeiter mit ihrer Energie vor den gleichen Stoff gespannt wie zwei Pferde vor einen Wagen; oder man kann in der bewirkten Einheit die einheitliche Wirklichkeit sehen wie etwa ein Musikstück des Orchesters. »Ist nicht sogar Dreschen oder Hämmern, wenn auch von zweien vollzogen, eine einheitliche Tätigkeit, da es ja einen einheitlichen objektiven Zweck verfolgt und die Tätigkeit des Einen sich der des Andern fügt, in sie eingreift? Und, was die Hauptsache ist, weil jeder Drescher, Schmied, Maurer und Musiker sein Denken mit dem Denken seines Genossen verbindet? Und ist die letztere Verbindung nicht eine *rein* psychische?« Zu so banaler Psychologie musste Steinthal greifen, weil er keine erkenntnistheoretische Frage zu stellen, sondern nur darüber zu streiten hatte, ob *seine* Disziplin zum Lehrauftrag des Kollegen N. gehöre oder nicht. Wahrhaftig, ich kann in dem fast lebenslangen Kampfe Steinthals gegen die anderen Schulen, zuletzt gegen Wundt und Paul, nicht viel anderes sehen, als Fachstrategie, die auf Schritt und Tritt zu Fachsimpelei wird. Ganz nahe kam Steinthal ahnungslos an die Lehre, die ich aus den Ideen von Geiger entwickelt habe: dass nämlich ein Verbum in der Welt der Wirklichkeiten nicht sei, dass jeder Verbalbegriff erst durch den Zweck im Verbum existiere. Hier aber soll mir diese Lehre und Steinthals hübsches Beispiel helfen, den Fachstreit zwischen ihm und Paul zu lösen und die Stellung der Sprache in der Soziologie ein wenig zu erkennen. Dass Hämmern und Dreschen Worte einer sozialen Tätigkeit, soziale Worte sind, soll mir helfen, das Metaphorische in der Behauptung, die Sprache sei das sensorium commune eines Volkes, resigniert zu erkennen, und die Behauptung selbst leiser vorzutragen. Und nicht einen Augenblick darf ich, nicht einen Augenblick soll der Leser dabei vergessen, dass eben die Begriffe »Sprache« und »sozial« selbst wieder in metaphorischem Bedeutungswandel geworden sind und sich immer noch wandeln, dass wir in einer dunklen Höhle sitzen und nur von den wirklichen Artbegriffen etwa einige Schatten sehen, von Abstraktionen wie »Sprache« und »sozial« jedoch fast nur noch die unmerkliche Kältewirkung des Schattens merken. Ich bemühe mich, das Metaphorische solchen geistigen Erfassens durch fast spukhafte Wortfolgen etwas fühlbarer zu machen.

So gewiss die einzige Wortart der Wirklichkeitswelt, das Adjektivum, nicht-sozial ist und völlig individuell, in objektivem wie in subjektivem Sinne individuell, ebenso gewiss kann und muss es soziale Tätigkeiten oder Verben geben. Weil das Verbum erst durch den Zweck der Tätigkeit wird und weil Tätigkeiten zwischen den Menschen oder zu gemeinsamen Zwecken möglich, sogar alltäglich sind. Ja, man könnte die Verben der Sprache neu einteilen in solche, die individuell und die sozial sind. Essen, schlafen usw. kann nur ein Individuum, auch wenn Hunderte in einem gemeinsamen Raume essen, schlafen usw. Das Individuum kann aber auch Arbeiten verrichten, bei denen etwas geschaffen wird, was doch beim Essen, Schlafen usw. nur uneigentlich geschieht. Wenn etwas geschaffen werden soll, so ist es nun für die Arbeit viel zweckmäßiger, beinahe hätte ich gesagt: verbaler, dass viele Arbeiter sich zu gemeinsamer Arbeit vereinigen. Beim Dreschen, beim Hämmern sieht man das besonders deutlich, weil die Verbindung mehrer Personen vorteilhaft ist, ohne dass Arbeitsteilung vorhanden wäre. Das glühende Eisen kann von zwei Schmieden *in der gleichen Zeit* doppelt so stark bearbeitet werden, wie von einem Schmiede. Es ist ein unendlich langer Weg von den sozialen Tätigkeiten einer Urzeit (mähen, dreschen; Erze fördern, hämmern; fischen, jagen usw.) bis zu dem komplizierten Zusammenarbeiten eines gegenwärtigen Fabrikationszweiges. Und die raffinierteste Arbeitsteilung der Gegenwart führt auf manchem Gebiete (nebenbei bemerkt) trotz der kapitalistischen Herrschaft, die gerade da besonders selbstisch erscheint, eigentlich zu einem sozialen Ideal. Viele Tausend Hände treiben die Fabriktätigkeit, für die man kein einfaches Verbum mehr hat, wie für hämmern oder dreschen: tausend Hände »bauen« eine elektrische Straßenbahn. Und für einen winzigen Bruchteil seines Tageslohns kann der bauende Arbeiter nachher manche Kilometer weit nach Hause fahren. Viel tausendfache Hand- und Kopfarbeit hat in der Straßenbahn der Großstadt eigentlich eine schier unmögliche Utopie des sozialen Zukunftstaates zu einer Wirklichkeit werden lassen.

Was nun ist an der elektrischen Straßenbahn soziale Wirklichkeit? Doch wohl weder der substantivische Stoff (Dampfmaschine, Dynamos, Wagen, Schienen usw.), noch ihre adjektivischen Eigenschaften, wofür man auch Elemente sagen könnte. Was an der Straßenbahn die soziale Tat ist, das ist verbal, das ist Tätigkeit, das ist die viel tausendfache Hand- und Kopfarbeit, die vorausgegangen ist und die unaufhörlich sich regen muss.

Nur dass die gleiche vieltausendfache Kopfarbeit nicht einen einzigen Menschen auch nur um die Strecke eines Meters befördern könnte, wenn die Kräfte nicht ansetzten an einen Stoff und dessen Eigenschaften, an ein Material, das vorläufig noch, solange der Zukunftstaat nicht Gegenwart geworden ist, Eigentum sein kann, Privateigentum, das einen Wert darstellt, mit einem Wertmesser verglichen werden kann. Und hier scheint mir der unscheinbare Punkt, in dem das hübsche Beispiel von Steinthal nicht stimmt, in dem der Gegensatz zwischen Steinthal und Paul sich begegnet oder verschwindet.

Paul und Steinthal kamen auseinander, weil sie die gewiesenen Wege von Fächern gehen zu müssen glaubten. Auf dem Standpunkte des sprachwissenschaftlichen Faches hatte Paul recht, lehrte eine neue Wahrheit: Sprache ist Abstraktion, auch noch Volksprachen, Mundarten, Gruppensprachen sind Abstraktionen. Nicht einmal Individualsprachen gibt es ohne Abstraktion. Es gibt nur die Atome der Sprechtätigkeit. Die letzten Konsequenzen dieser Atomisierung sind auch in meiner Kritik der Sprachwissenschaft noch nicht streng genug gezogen worden. Doch die kürzeste Besinnung schon lehrt, dass dieser Standpunkt kritischer Sprachwissenschaft nicht der einzige sein kann, dass er ein stereoskopisches Bild der Sprache nicht geben kann. Wie ich bei meiner Gleichstellung von Denken und Sprechen mir immer wieder dazwischen rufen musste: »Da spreche ich ja und denke ich zugleich, und die Sprache macht einen Unterschied zwischen Denken und Sprechen!« – so hat Paul in seinem tiefen Sprachverstand sich ganz gewiss oft sagen müssen: »Sprache ist Abstraktion. Es gibt nur individuelle, atomisierte, momentane Sprechtätigkeit. Aber damit ist noch nicht alles gesagt. Mein Sprechen ist gar nicht auf der Welt, wenn der Andere es nicht verstehen kann. Sprechen zwischen den Menschen, einander verstehen, ist doch auch soziale Tätigkeit.« Und so hatte Steinthal vom Standpunkt seines völkerpsychologischen Faches ganz recht, wenn er immer wieder rief: »Sprache ist nicht bloß Abstraktion, sprechen ist soziale Tätigkeit wie hämmern oder dreschen.« Nur dass das Sprechen doch nicht ganz glücklich mit dem taktmäßigen Hämmern zweier Schmiedegesellen auf das gleiche glühende Eisenstück verglichen wird. Besser vielleicht mit dem Hämmern des Schmiedes beim Nieten eines Kessels; jeder Hammerschlag ginge zum guten Teil verloren, wenn er nicht draußen oder drinnen vom Genossen mit eigener Arbeit aufgenommen würde. Die Gegenwirkung des Genossen gibt dem Hammerschlag erst seine Kraft. Wer in uralter Sprache zu denken vermag, der könnte sagen: der Genosse drinnen, der sich dem Hammerschlag entgegenstemmt, ist der Gegenstand gegen den Stand des Schmiedes vor dem Kessel.

Doch auch dieses Bild ist noch nicht ganz richtig. Die soziale, zweckmäßige, verbale Tätigkeit des Kesselschmiedens braucht drei Faktoren: Menschenarbeit, Werkzeug und Material. Bei dem ungeheuern sozialen Unternehmen des sprachlichen Verkehrs gibt es kein eigentliches Material. Denn es ist beim Kesselschmieden wie beim Herstellen einer Straßenbahn ein fremder, ein nicht-sozialer Faktor dabei, eben der Stoff, der einen Wert hat, der Privateigentum ist, der gekauft werden muss. Eisen und anderes Metall, Holz usw. Ja sogar die Werkzeuge haben einen ökonomischen Wert. Und weil das ganze Unternehmen auf Herstellung von Werten gerichtet ist, darum wird auch die Arbeitsleistung des Kesselschmiedes und des Straßenbahnbauers zu einem fungiblen Wertobjekt, zu einer käuflichen Ware.

Damit vergleiche man nun die drei Faktoren bei dem Unternehmen, dem einzigen wahrhaft sozialen Unternehmen des sprachlichen Menschenverkehrs.

Das Material ist ohne jeden ökonomischen Wert. Die Luft. Die Luft, die zur Erhaltung des Lebensprozesses übrigens ohnedies regelmäßig ein- und ausgeatmet wird und die nun in der Sprache, mit unübertrefflicher Ökonomie, nebenbei zur Erzeugung von Geräuschen benützt wird, welche mit dem kleinsten Aufwande brauchbare Zeichen geben. Selbst wenn der Mensch ohne Atmung leben könnte, wenn er zum Zwecke des Sprechens erst die Luft einsaugen und bearbeiten gelernt hätte, auch dann brauchte er, weil die Luft doch vorläufig fast umsonst zu haben ist, kein käufliches, kein nicht-soziales Material. Erst der Virtuose der Sprache, der Sänger, der Prediger und der Redner muss seine Atembildung künstlich schulen, darf sich mit Recht dafür bezahlen lassen und fällt darum aus dem idealen Sozialismus des sprachlichen Verkehrs heraus.

In dem Wesen des Sprechmaterials ist es nun schon mitbegründet, dass die Sprecharbeit rein sozial ist und für gewöhnlich nicht bezahlt werden muss. Diese Arbeit ist so leicht, dass sie als Nebengeräusch des Atmens mühelos nebenbei geleistet wird. Wie bei den neuen Kanonen der sonst lästige Rückstoß zum Laden benützt wird. So mühelos ist die Sprecharbeit, so spielend ist sie seit dem ersten Lebensjahre von den Nerven und Muskeln eingeübt worden, dass die Sprecharbeit weit über ihren Mitteilungszweck hinaus zum beliebtesten Spiel der Menschen geworden ist. Sprecharbeit ist ein Spielvergnügen, unvergleichlich häufiger getrieben als etwa das Tanzen. Das darf uns aber nicht vergessen lassen, dass das Sprechen, ob nützlich oder unnütz, ob notwendig im Dienste der Wissenschaft oder überflüssig im Schwatzvergnügen, immer eine Tätigkeit ist, planvoll, zweckmäßig, wie jedes Verbum.

Nicht so einfach liegt die Vergleichung bei dem dritten Faktor des sozialen Unternehmens der Sprache: dem Werkzeug. Allerdings gehört auch das Werkzeug der Sprache einem idealen Sozialismus an; es ist entweder unkäufliches Gemeingut wie das luftige Material, oder es ist doch so billig, so sehr Nebenleistung wie die Sprecharbeit. Man denke nur wieder an das kostbare Material des Kesselschmieds und an dessen erschöpfende Arbeit, die mit einem schweren Silberstück täglich aufgewogen werden muss.

Wo aber ist eigentlich das Werkzeug des Sprechens zu suchen? Seit zweitausend Jahren pflegt man Kehlkopf, Zunge, Lippen usw. die Sprachwerkzeuge zu nennen. Sie sind nur Lautwerkzeuge. Es versteht sich von selbst, dass Sprache – die nicht Sprache ist, wenn sie nicht zugleich etwas bezeichnet, wenn sie nicht Denken ist, – es versteht sich von selbst, dass zu den Sprechwerkzeugen auch das Gehirn gehört. Der Wortstreit darüber, ob ein Sprachvermögen in einer bestimmten Gehirnprovinz lokalisiert sei oder nicht, geht uns hier ganz und gar nichts an. Nicht einmal, ob und wie sich Gehirn und Atemwege nebst einigen Nahrungswerkzeugen zu ihrer gegenwärtigen Form »entwickelt« haben. Genug daran: Gehirn, Kehlkopf, Zunge, Gaumen, Zähne und Lippen, ursprünglich für Atmung, Nahrungsaufnahme und Orientierung in der Außenwelt eingerichtet, haben sich so gestaltet, dass sie als Sprechwerkzeuge dienen können. Oder: Sie haben sich zufällig so gestaltet, dass die Erfindung des Sprechens sich ihrer bedienen konnte.

Haben nun diese Laut- oder Sprechwerkzeuge in Wahrheit ähnliche Eigenschaften wie der Hammer, der den Kessel nietet? Wenn die Sprechwerkzeuge die Luft bearbeiten, entsteht dann die Sprache so, wie ein Kessel entsteht, wenn die Hämmer das Eisen bearbeiten? Ja und nein. Auch zwischen der Arbeit des Schmiedes und der Herstellung des Kessels liegt ein zweckvoller Plan; ein bewusster, mit Menschenverstand vorgedachter Kesselplan. So freilich auch beim *Sprechen,* wenn die Lautwerkzeuge die Luft bearbeiten. Höchstens, dass der Plan des Satzes, der zustande kommen soll, im Unbewussten bleibt, gewöhnlich nicht vorbedacht ist. Nur ist der Unterschied hier nicht groß. Es ist Sache der Übung und der Schwierigkeit. Der Nagelschmied hämmert seine unzähligen Nägel wohl auch unbewusst. Und umgekehrt muss ich jeden dieser Sätze gar sehr vorausbedenken und bis in jede Partikel noch zweckvoll gestalten.

Nein, zwischen der Arbeit der Laut- oder Sprechwerkzeuge und der bearbeiteten Luft liegt bei der Sprecharbeit etwas ganz anderes, dessengleichen wir bei andern sozialen Unternehmungen vergeblich suchen würden: das eigentliche Werkzeug, die Sprache. Die alte, in hundert Generationen trotz leiser Änderungen gleiche, milliardenhaft eingeübte, unbewusst gewordene, völlig mühelos geübte Volksprache. Es gäbe ein schiefes Bild, wollte ich nun Gehirn, Kehlkopf, Gaumen, Zunge, Zähne, Lippen usw. die Werkzeugmaschinen nennen, die das Werkzeug κατ' ἐξοχην erzeugt haben, die Sprache. Denn bei diesem Ausdruck wäre übersehen, dass das eigentliche Werkzeug, die Sprache, erst zustande kommen konnte durch die letzte soziale Tätigkeit, die man Sitte, Übung oder Nachahmung nennen mag.[3] Ich will es jetzt

3 Erst während der Arbeit lernte ich ein lesenswertes Buch von G. Tarde kennen: »Les lois de l'imitation«. Tardes Grundgedanke ist, dass es auf der Welt keine Wissenschaft, keinen Fortschritt, ja dass es nicht einmal die Vorstellung von der Quantität gäbe, wenn die Erscheinungen sich nicht wiederholten (Mach lehrt dasselbe); die periodischen, regelmäßigen Wiederholungen kennen wir in der Physik als optische und akustische Schwingungen, in der Biologie als Erblichkeit; in der Gesellschaft oder in der Geschichte spiele nun die Nachahmung eine ähnliche Rolle wie die Erblichkeit in der organischen Welt, wie der Rhythmus der Schwingungen in der unorganischen. Aller Fortschritt auf dem Wege der Nachahmung werde übrigens vermittelt durch das große Vehikel aller Nachahmungen, die Sprache. Tarde kennt freilich den sprachkritischen Zweifel nicht. Er bemerkt nicht, dass die genaue Vergleichung von Schwingung, Erblichkeit und Nachahmung und die Zusammenfassung dieser drei Gleichförmigkeiten (die ich ganz ähnlich unter den Begriff des unbewussten Gedächtnisses gebracht habe) ohne metaphorischen Bedeutungswandel des Oberbegriffs nicht auszuführen ist; er bemerkt noch viel weniger, dass die Worte seines Buchtitels zu dem Geiste des Inhalts nicht gut stimmen, dass man noch keine »Gesetze« gefunden hat, wenn man die Zufallsgeschichte der Menschen größtenteils auf Wirkungen des Nachahmungstriebes zurückgeführt hat. Trotzdem soll das Buch den deutschen Geschichtsphilosophen, die nicht alle werden, bestens empfohlen sein. Es meidet die großen Worte und gibt aus lebendigem Geschichtswissen Beispiele zu der Lehre, dass der Gehorsam

so aussprechen: Gehirn, Kehlkopf usw. sind wirklich die Werkzeuge der momentanen Sprechtätigkeit, der atomisierten Sprache von Paul; die Sprache ist das einzige Werkzeug des Menschenverkehrs, die Sprache von Steinthal.

Paul hat feiner und genauer als irgendein anderer das Flussbett und die Wassertropfen gesehen und beschrieben; den Fluss kennt und nennt er nicht. Steinthal sitzt in Bewunderung am Rande des Flussbetts, überblickt bewundernd den Fluss und leugnet das Flussbett, an dessen Ufer er sitzt. Paul will vor lauter Tropfen den Fluss nicht sehen, Steinthal vor lauter Fluss die Tropfen nicht. Der Historiker Paul betrachtet den Wandel der Sprache und nimmt das sensorium commune nicht wahr, das der Völkerpsychologe Steinthal mit Händen zu greifen glaubt. Beide haben recht und streiten um ihren einseitigen Standpunkt mit Worten der umstrittenen Sprache, mit Eintagsworten, die während des Streites Form und Bedeutung ändern.

* * *

Und weil ich ein kleines Buch schreiben wollte, mit Eintagsworten eines neuen Streites, weil ich auf andere Bücherschreiber oder Fachleute wirken wollte, doch nicht bloß wie ein indischer Asket für mich allein und unklar dazu erkennen wollte, was mir wie eine kleine Erkenntnis wichtiglich winkte, darum habe ich wahrscheinlich an die Worte und Bücher anderer Bücherschreiber angeknüpft. Anstatt mich von der Illusion der Sprache als des höchsten sozialen Wertes ebenso abzuwenden, wie von der Individualsprache, die die Illusion eines Erkenntniswerkzeuges vortäuscht. »Das wäre freilich die erlösende Tat, wenn Kritik geübt werden könnte mit dem ruhig verzweifelnden Freitode des Denkens oder Sprechens, wenn Kritik nicht geübt werden müsste mit scheinlebendigen Worten.«

der Völker, das Prestige der Führer, die Gewohnheiten und Moden auf die bequeme Nachahmung wie auf einen Zustand der Hypnose zurückzuführen seien.

Karl-Maria Guth (Hg.)

Erzählungen der Frühromantik

HOFENBERG

Erzählungen der Frühromantik

1799 schreibt Novalis seinen Heinrich von Ofterdingen und schafft mit der blauen Blume, nach der der Jüngling sich sehnt, das Symbol einer der wirkungsmächtigsten Epochen unseres Kulturkreises. Ricarda Huch wird dazu viel später bemerken: »Die blaue Blume ist aber das, was jeder sucht, ohne es selbst zu wissen, nenne man es nun Gott, Ewigkeit oder Liebe.«

Tieck Peter Lebrecht **Günderrode** Geschichte eines Braminen **Novalis** Heinrich von Ofterdingen **Schlegel** Lucinde **Jean Paul** Des Luftschiffers Giannozzo Seebuch **Novalis** Die Lehrlinge zu Sais
ISBN 978-3-8430-1878-4, 416 Seiten, 29,80 €

Karl-Maria Guth (Hg.)

Erzählungen der Hochromantik

HOFENBERG

Erzählungen der Hochromantik

Zwischen 1804 und 1815 ist Heidelberg das intellektuelle Zentrum einer Bewegung, die sich von dort aus in der Welt verbreitet. Individuelles Erleben von Idylle und Harmonie, die Innerlichkeit der Seele sind die zentralen Themen der Hochromantik als Gegenbewegung zur von der Antike inspirierten Klassik und der vernunftgetriebenen Aufklärung.

Chamisso Adelberts Fabel **Jean Paul** Des Feldpredigers Schmelzle Reise nach Flätz **Brentano** Aus der Chronika eines fahrenden Schülers **Motte Fouqué** Undine **Arnim** Isabella von Ägypten **Chamisso** Peter Schlemihls wundersame Geschichte **Hoffmann** Der Sandmann **Hoffmann** Der goldne Topf
ISBN 978-3-8430-1879-1, 408 Seiten, 29,80 €

Karl-Maria Guth (Hg.)

Erzählungen der Spätromantik

HOFENBERG

Erzählungen der Spätromantik

Im nach dem Wiener Kongress neugeordneten Europa entsteht seit 1815 große Literatur der Sehnsucht und der Melancholie. Die Schattenseiten der menschlichen Seele, Leidenschaft und die Hinwendung zum Religiösen sind die Themen der Spätromantik.

Brentano Die drei Nüsse **Brentano** Geschichte vom braven Kasperl und dem schönen Annerl **Hoffmann** Das steinerne Herz **Eichendorff** Das Marmorbild **Arnim** Die Majoratsherren **Hoffmann** Das Fräulein von Scuderi **Tieck** Die Gemälde **Hauff** Phantasien im Bremer Ratskeller **Hauff** Jud Süss **Eichendorff** Viel Lärmen um Nichts **Eichendorff** Die Glücksritter
ISBN 978-3-8430-1880-7, 440 Seiten, 29,80 €

Erzählungen aus dem Biedermeier

Biedermeier - das klingt in heutigen Ohren nach langweiligem Spießertum, nach geschmacklosen rosa Teetässchen in Wohnzimmern, die aussehen wie Puppenstuben und in denen es irgendwie nach »Omma« riecht.

Zu Recht. Aber nicht nur.

Biedermeier ist auch die Zeit einer zarten Literatur der Flucht ins Idyll, des Rückzuges ins private Glück und der Tugenden. Die Menschen im Europa nach Napoleon hatten die Nase voll von großen neuen Ideen, das aufstrebende Bürgertum forderte und entwickelte eine eigene Kunst und Kultur für sich, die unabhängig von feudaler Großmannssucht bestehen sollte.

Georg Büchner Lenz **Karl Gutzkow** Wally, die Zweiflerin **Annette von Droste-Hülshoff** Die Judenbuche **Friedrich Hebbel** Matteo **Jeremias Gotthelf** Elsi, die seltsame Magd **Georg Weerth** Fragment eines Romans **Franz Grillparzer** Der arme Spielmann **Eduard Mörike** Mozart auf der Reise nach Prag **Berthold Auerbach** Der Viereckig oder die amerikanische Kiste

ISBN 978-3-8430-1884-5, 444 Seiten, 29,80 €

Erzählungen aus dem Biedermeier II

Annette von Droste-Hülshoff Ledwina **Franz Grillparzer** Das Kloster bei Sendomir **Friedrich Hebbel** Schnock **Eduard Mörike** Der Schatz **Georg Weerth** Leben und Taten des berühmten Ritters Schnapphahnski **Jeremias Gotthelf** Das Erdbeerimareili **Berthold Auerbach** Lucifer

ISBN 978-3-8430-1885-2, 440 Seiten, 29,80 €

Erzählungen aus dem Biedermeier III

Eduard Mörike Lucie Gelmeroth **Annette von Droste-Hülshoff** Westfälische Schilderungen **Annette von Droste-Hülshoff** Bei uns zulande auf dem Lande **Berthold Auerbach** Brosi und Moni **Jeremias Gotthelf** Die schwarze Spinne **Friedrich Hebbel** Anna **Friedrich Hebbel** Die Kuh **Jeremias Gotthelf** Barthli der Korber **Berthold Auerbach** Barfüßele

ISBN 978-3-8430-1886-9, 452 Seiten, 29,80 €